身近な食材とスパイスから始める

人気店のスパイスレシピ

はじめに

スパイスカレーブームの後押しもあってか、
今や多様なスパイスが手軽に手に入る時代になりました。
キッチンには、一度使ったきりで棚の奥に眠ったままのスパイスや、
いつ買ったのかさえ記憶にないスパイスがあるかもしれません。

まだまだスパイス後進国の日本では、
スパイス料理＝ハードルが高いというイメージがあります。
でも、スパイスはカレーやエスニック料理専用のものではありません。
和食でおなじみの山椒や唐辛子などもスパイスの仲間です。

まずは身近ないつもの食材+1スパイスレシピから始めて、
それぞれのスパイスの個性、香りや風味を舌で感じてください。
ごく簡単なレシピから日々の料理に取り入れると、
スパイスがグッと身近な存在になります。
いつものマンネリおかずも、新鮮な別の味に生まれ変わります。

日本にいながらにして世界の味が楽しめるのが、スパイス料理の魅力。
スパイスの1ふりで、料理の幅が広がります。
スパイスの1さじで、料理がさらにおいしくなります。
インド、ポルトガル、中国料理、和食、
人気料理店のスパイス使いのプロならではの、スパイス料理をお届けします。
お酒のおつまみに、いつものおかず作りに、
もっと自由に、もっと気軽にスパイスを取り入れましょう。

Contents

Part.3
中国料理のスパイス使い

Part.4
和食のスパイス使い

本書で使う基本のスパイスガイド

少量で料理に風味や香りをつけるのが、スパイスです。
この本に登場する基本のスパイスを、
香りをつける、色みをつける、辛みをつけるの用途別にご紹介します。

香りのスパイス

クミン

Cumin

部位◆種子
別名◆うまぜり
原産地◆エジプト

カレーを思わせる香りとほろ苦さが特徴。カレー粉やチリパウダーの主要成分の1つ。パウダーはシードより強い香りが楽しめる。シードは油で加熱して香りを移して使われることが多い。インドや中東料理に限らず、最近は和食や洋食、デザートのアクセントスパイスとしても使われる。

クローブ

Clove

部位◆つぼみ
別名◆丁《ちょう》字《じ》
原産地◆モルッカ諸島（インドネシア）

釘形のホールスパイス。鼻から抜けるさわやかで甘いバニラのような香りと刺激的な風味が特徴。肉の臭み消しに効果的で、鴨肉、牛肉などの肉料理によく使われる。香りが強いので、使いすぎに注意を。

花椒《ホワジャオ》

Sichuan pepper

部位◆果実
別名◆華北山椒
原産地◆中国

四川風麻婆豆腐で有名。しびれる辛さと清々しい香りが特徴。ホールのまま、肉や野菜などと炒めたり、煮込んだりして、中華風味をつけたい料理に幅広く使える。未熟なものは青山椒として使い分けることもある。

コリアンダー

Coriander

部位◆種子
別名◆コエンドロ、香菜、パクチー
原産地◆地中海沿岸

世界最古のスパイスの1つ。シード（香菜の種）と、パウダー状がある。葉とはまったく異なり、甘くさわやかな柑橘系の香りがある。相性のよいクミンといっしょに使われることが多い。カレー粉の主要スパイスで、料理をまとめる調和のスパイスとしての役目も。

シナモン

Cinnamon

部位◆樹皮
別名◆肉桂、桂皮、ニッキ
原産地◆南インド、スリランカ

肉桂の樹皮を乾燥させたもので、甘くエキゾチックな香りのスパイス。菓子類に使われることが多いが、肉の香りづけやカレーの主要スパイスとしてもおなじみ。上品で繊細な香りの「セイロンシナモン」と、肉厚で濃厚な香りの「カシア（写真）」がある。本書では「カシア」を使用。

八角

Star anise

部位◆果実
別名◆スターアニス
原産地◆中国

八角の名の通り、星のような形をした、もっとも東洋的なスパイスの1つ。独特の強くて甘い香りが特徴。肉の煮込み料理の香りづけなど、中国、台湾料理に欠かせない。また、長時間加熱しても香りが飛ばない。

フェンネル

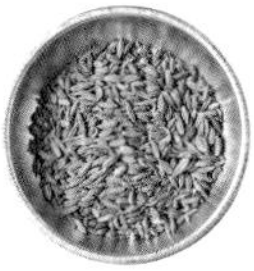

Fennel

部位◆種子
別名◆ういきょう
原産地◆地中海沿岸

甘く、さわやかな香りで、「魚のハーブ」といわれるほど、魚料理と相性がよい。魚の臭み消しやしつこい脂分を抑える働きがある。ほかにピクルスやマリネ、お菓子、パンなどにも向く。にんじんなど少しクセのある野菜にも合わせやすい。

カルダモン

Cardamom

部位◆果実
別名◆しょうずく
原産地◆南インド、スリランカ

「スパイスの女王」と呼ばれ、清涼感のあるさわやかな香りとピリッとした辛さが特徴のスパイス。もみ殻状の薄緑色のさやを乾燥させたホールとパウダーがある。ホールはドリンクにも使われ、パウダーは肉の臭みを消したり、魚にまぶしてムニエルなどの料理に。

色みのスパイス

パプリカ

Paprika

部位◆果実
別名◆ピメント、甘唐辛子
原産地◆南アメリカ

辛みのない唐辛子の仲間パプリカをパウダー状にしたもの。唐辛子に似た特有の甘い香りが特徴。肉の煮込みや米、野菜などの料理に。色素が脂溶性のため、油を使った料理に使うと赤い彩りが楽しめる。

ターメリック

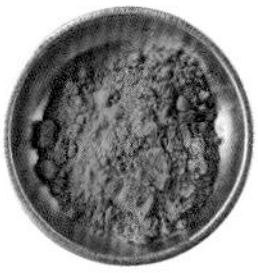

Turmeric

部位◆根茎
別名◆ウコン、クルクマ
原産地◆熱帯アジア

市販のカレー粉の主材料で、黄色の色づけスパイスとして使われる。パウダー状が一般的。辛みはなく、ごぼうに似た独特のやや土臭いような香りとほのかな甘い香りが特徴。魚や肉の臭み消しにも活躍。

辛みのスパイス

赤唐辛子（ホール）

Chili whole

部位◆果実
別名◆レッドペッパー、唐辛子、カイエンペッパー
原産地◆熱帯アメリカ

赤唐辛子。辛みスパイスの代表格。その種類はなんと世界で３千品種。南米産、インド産、韓国産、中国産など色、形、大きさ、辛み、風味など千差万別。

赤唐辛子（パウダー）

Chili pepper

チリペッパー　カイエンペッパー　一味唐辛子

赤く熟した唐辛子を乾燥させてパウダーにしたもの。メーカーにより、唐辛子の種類や製法によって、チリペッパー、カイエンペッパー、レッドペッパー、一味唐辛子などの名前で市販されている。大枠では同じ仲間。一味唐辛子とチリペッパーは小辛、カイエンペッパー、レッドペッパーは大辛のものが一般的。ただし、チリパウダーとして売られているものは、唐辛子にオレガノやクミンなどを調合したミックススパイスのこと。

ブラックペッパー

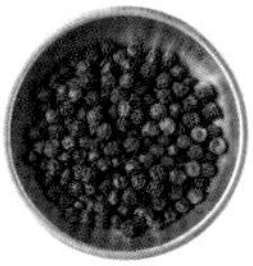

ホワイトペッパー

Black pepper

部位◆果実
別名◆ペッパー、こしょう
原産地◆インド

熟す前のこしょうの果実を収穫後に乾燥させたもの。野性的でさわやかな香りと、ピリッとした強い辛みが特徴。世界中の料理に幅広く使われるスパイス。完熟果実を発酵させ、外皮を除いて乾燥させたものがホワイトペッパー。ブラックペッパーよりマイルドで上品な香り。

スパイスミニ知識

香りが命のスパイスは鮮度を保つとその効果が発揮できます。
保存法や賞味期限のチェックが欠かせません。

スパイスの形状

ホール

種子や果実などの原形のまま乾燥させたもので、長期保存に向く。煮込みやピクルスなどにはそのまま加えることが多い。ミルなどで挽いて使うと、フレッシュな香りが楽しめる。

粗挽き

ホールを粗めに挽いたり、砕いた状態。比較的香りが出やすく、下ごしらえから仕上げまで幅広く利用できる。

パウダー

ホールをパウダー状に挽いたもの。粗挽きに比べると香りは弱いが、調理途中の食材に混ぜやすく、仕上げにも活躍する。

スパイスの賞味期限

メーカーによって違いますが、未開封の状態でホールスパイスは2～3年、パウダースパイスは約1年が目安といわれています。ただしスパイスの香りは鮮度。開封後は早めに使うことがいちばんです。賞味期限に頼るより、香りがしなくなったら買い替えのタイミング。カルダモンは緑色が退色したときが目安です。
特にパウダースパイスは香りが飛びやすいので、頻繁に使わない人はホールで購入し、そのつどミルなどで挽いて粉末にすると香りが楽しめます。

スパイスの保存法

スパイスにとって大敵は、日光、高温、湿気の3つ。基本はパウダー、ホールスパイスとも密閉容器に入れ、日が当たらない湿度の低い場所で常温保存を。袋で買ったスパイスも密閉容器に移し替え、いっしょに乾燥剤も入れて保存します。冷蔵庫での保存は出し入れによる温度変化で結露を起こしやすいので、おすすめできません。

この本の使い方

・本書で紹介しているスパイスのほとんどは大きなスーパーやデパートで入手可能です。近くで見つからないときはネットショップで探してみてください。
・大さじ1は15mℓ、小さじ1は5mℓです。火加減は特に表記のない場合は中火です。
・スパイスはほかの調味料と同様に大さじ、小さじで計量します。スパイスが少量だからといって直接ビンなどの容器から、鍋にふり入れるのは禁物。容器の中に蒸気が入ってスパイスを湿気させる原因になります。
・【少々】は親指と人さし指の2本で軽くつまんだ量です。「塩少々」は小さじ1/8(0.8g)程度が目安です。【1つまみ】は親指、人さし指、中指の3本の指で軽くつまんだ量です。「塩1つまみ」は小さじ1/5(1g)程度が目安です。
・料理に入っているホールスパイスのシナモンやクローブ、八角、ローリエなどのかたいものは除いて食べましょう。

Part.1

アジア・インド料理のスパイス使い

Asian & Indian Food

SPICE CAFE
伊藤一城さん

今やカレーは日本の国民食です。しかし、カレー粉やカレールーからスタートした日本はスパイス後進国。料理となると急にハードルが高くなってしまいがちです。インドにカレー味の料理はありません。一つ一つの料理にスパイスがブレンドされているのです。カレーだけではないスパイス料理の魅力を知ってほしいと思います。

1つの野菜に1スパイスで、それぞれのスパイスの個性を知る

スパイスは複数組み合わせることで相乗効果を発揮します。そのためにはまず、よく使う基本のスパイスの一つ一つの個性を知ること。お店ではランチのカレーや、ディナーのスパイス料理コースにも旬の野菜をふんだんに取り入れています。ベジタリアンが多いインドでは、野菜料理のバリエーションにはこと欠きません。

スパイス初心者に僕が提案しているのは、まずは身近ないつもの野菜+1スパイスレシピで、スパイスの香り、風味を感じること。インドでは1スパイスだけの料理はあまりありませんが、日々の料理にごく簡単なレシピから取り入れ、スパイス使いに慣れることです。

まずはスパイスの香りの引き出し方をマスターしましょう。スパイスは主にから煎りや油で加熱することで香りが立ちます。レシピによって違いはあり

伊藤一城《いとう・かずしろ》

「SPICE CAFE」店主。会社員をへて26歳で食をテーマに世界一周を計画。3年半で48か国を巡り、あらゆる料理との出会いの中でいちばん興味をひかれたスパイスをテーマに自分の店を持つことを決意。イタリア料理店、インド料理店、スリランカ料理店で経験を積む。2003年に東京・墨田区押上エリアにカレーとカフェの店「SPICE CAFE」をオープン。

伊藤さんの好きなスパイスはなんですか?

クミン。いちばん親しみやすく、料理のジャンルを問わない万能スパイスだから。

CUMIN

ますが、ホールスパイスはほんのり茶色になるまで、から煎りすること。また、スパイスを油で加熱することで油に香りを移します。

たとえば、クミンシードは泡立ってパチパチと弾けるまで、赤唐辛子は黒く焦げる寸前まで、マスタードはパチパチと激しく爆ぜるのがおさまって、音が小さくなるまで待ちます。色、音、香りを、目で、耳で、鼻で、五感をフルに使って、そのタイミングを見極めてください。

スパイスの力を借りて 少量使いで最大の相乗効果を

スパイスの扱いに慣れてきたら徐々にステップアップ。複数のスパイスを組み合わせた相乗効果が高い料理に挑戦しましょう。インドのスパイスカレーは洋風カレーと違って煮込むだけの料理ではありません。1つの鍋に材料やスパイスを加えていくだけで短時間ででき上がるフレッシュなカレーが多いです。ホールスパイスは油にしっかり香りを移し、途中で加えるパウダースパイスはよく混ぜて香りを立たせ、粉っぽさを取るのがコツです。

王道のスパイスの組み合わせはホールなら、シナモン、カルダモン、クローブの3つ。香りのバランスがよく、インドでもおなじみです。パウダースパイスなら、辛みのカイエンペッパー、色のターメリック、風味のコリアンダーのトリオがおすすめです。また、カレーに多用されるターメリックですが、入れすぎると苦みが出るので控えめな使用を心がけて。

また、日本でも人気のビリヤニは、複数のスパイスを使った香り高い炊き込みご飯。このビリヤニに和の食材を組み合わせたものを紹介しています。

これからも四季のある日本の旬の食材を使った、日本発信のスパイス料理を提案していきたいですね。

コリアンダー

さやいんげんの蒸し煮

柑橘系のさわやかなコリアンダーがほんのり香ります。
枝豆でもぜひお試しください。

材料（2人分）

さやいんげん … 90g
コリアンダーシード … 小さじ1
塩 … 1つまみ
水 … 100mℓ

作り方

1. いんげんは長さを半分に切る。
2. フライパンにコリアンダーと塩を入れ、中火にかけてコリアンダーに色がつく直前までから煎りする（a）。
3. いんげんと分量の水を加えて（b）ふたをする。水分が飛んで、いんげんに火が通るまで蒸し煮にする。

a

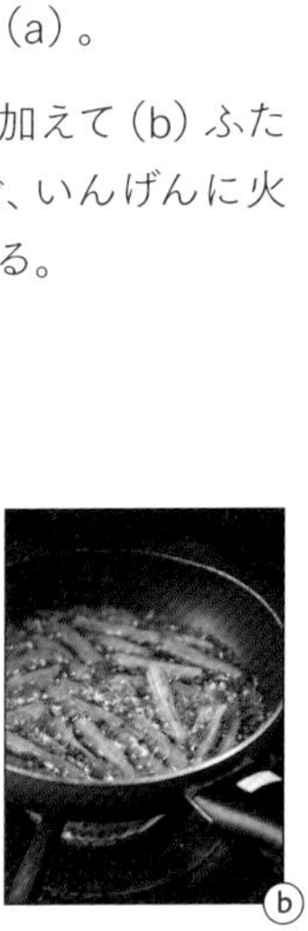

b

フェンネル

にんじんとオレンジのサラダ

フレンチのキャロットラペをスパイスで香りづけ。
オレンジと好相性のフェンネルが、口の中でプチッと弾けます。

材料（2人分）

にんじん … 1本
オレンジ … 1/8個
フェンネル … 小さじ1/2
オリーブ油 … 小さじ1/2
塩 … 少々
にんじんの葉（ちぎる）… 少々

作り方

1. にんじんはスライサーでせん切りにする。オレンジは半量は果汁を搾り、半量は果肉を取り出して小さく切る。
2. フライパンにフェンネルを入れ、中火でから煎りして香りを出し、取り出して包丁でざく切りにする（a）。
3. ボウルに1のにんじんとオレンジの果肉と搾り汁、オリーブ油、塩、2を入れてあえる（b）。器に盛り、あればにんじんの葉を散らす。

a

b

クミン

なすとトマトのさっと煮

なすとトマトとクミンの最強トリオの組み合わせで前菜風に。
クミンの香りをオイルにしっかり移すのがおいしさのコツ。

材料（2人分）

トマト … 1個
なす … 2本
塩 … 適量
クミンシード … 小さじ1/4
しょうが（せん切り）、
　香菜（みじん切り）… 各適量
サラダ油 … 小さじ1
揚げ油 … 適量

作り方

1. トマトはざく切りに、なすは角切りにし、塩少々をふってアクを抜き、水けをふく。
2. 揚げ油を180℃に熱し、なすを入れて色よく素揚げし、油をきる。
3. フライパンに油とクミンを入れて中火にかける。クミンが泡立ってきたらトマトを加え（a）、ペースト状になるまで炒める。塩少々と2のなすを加えて混ぜながら1分ほど煮る。
4. 器に盛り、しょうがと香菜を散らす。

a

山椒

焼き大根の山椒風味

こんがり焼いた香ばしい大根に旨みのナンプラーを1ふり。
仕上げにかけるつぶしたての山椒の効果は憎いほど。

材料（2人分）

大根 … 200g
サラダ油 … 大さじ1/2
ナンプラー … 小さじ1/2
山椒* … 少々

＊なければ粉山椒でもよい。

シェフのプラス1スパイス

山椒

日本のスパイス。中国の花椒《ホワジャオ》よりさわやかな香りが特徴。収穫時期で青山椒、実山椒になる。

作り方

1. 大根は皮をむき、1cm厚さのいちょう切りにする。
2. フライパンに油を熱し、1を並べ入れ、中火弱で両面焼き色がつくまで10分ほどじっくり焼く（a）。ナンプラーをふって混ぜる。
3. 器に盛り、すり鉢でつぶした山椒（b）をふる。

a

b

小松菜のマスタード炒め

にんにく一辺倒だった青菜炒めをスパイスで、ひと味違うおいしさに。
マスタードのプチプチした食感もアクセント。

材料（2人分）

小松菜* … 100g
マスタードシード … 小さじ1/2
サラダ油 … 大さじ1/2
塩 … 少々
ごま油、レモン汁 … 各少々

＊野菜は菜の花、春菊、空芯菜《クウシンサイ》などでもおいしい。

作り方

1. 小松菜は根を切り、ざく切りにする。
2. フライパンに油とマスタードを入れて中火にかける。パチパチという音が鳴りやんだら（a）小松菜を加える。
3. 強火で炒め（b）、仕上げに塩、ごま油、レモン汁をふって香りをつける。

シェフのプラス1スパイス

マスタード

乾燥状態では無臭だが、加熱するとナッツのような香りが出て、すりつぶすと酸味や辛みが出る。

a

b

ブラックペッパー

キャベツのココナッツあえ

南インドのキャベツのポリヤル（スパイス炒め）を簡単アレンジ。
キャベツとココナッツの甘みをペッパーで引き締めます。

材料（2人分）

キャベツ … 1/4個
玉ねぎ … 1/4個
塩 … 少々
ココナッツファイン … 大さじ2
ブラックペッパー … 小さじ1
サラダ油 … 大さじ1/2

作り方

1. キャベツは太めのせん切り、玉ねぎはみじん切りにする。ブラックペッパーはすりこぎなどでつぶす。
2. フライパンに油を熱し、玉ねぎを入れて炒める。玉ねぎが軽く色づいたらキャベツと塩を加え、しんなりするまで炒める。ココナッツファインを加えて（a）あおるように炒め、ブラックペッパーをふって大きく混ぜる。

a

赤唐辛子／クローブ／シナモン／クミン

ローストポーク

ひと鍋に肉と野菜、スパイスを入れてあとは蒸し焼きにするだけ。
簡単な手順で、主役をはれる豪華なひと皿が誕生。
合わせるスパイスの相乗効果で複雑な味わいが生まれます。

材料（2人分）

豚肩ロース肉（ブロック）… 300g

A
- 塩、こしょう … 各少々
- にんにくとしょうがのペースト* … 小さじ1/2
- 赤唐辛子（半分にちぎる）… 1本
- クローブ … 小さじ1/2
- シナモン … 1本
- クミンシード … 小さじ1/2

水 … 50mℓ
オリーブ油 … 小さじ1/4
季節の野菜（にんじん、白菜、ほうれん草など）… 各適量
粗塩 … 適量

*にんにくとしょうがのすりおろしを同量で合わせたもの。

作り方

1◆豚肉に塩、こしょうをふり、にんにくとしょうがのペーストを塗って、常温で1時間ほどおいて下味をつける。

2◆鍋にAのスパイスを入れ（a）、食べやすい大きさにカットした野菜と1を入れる。

3◆分量の水とオリーブ油を入れ（b）、ふたをして火にかけ、沸騰したら弱火で30分ほど蒸し焼きにする。肉に竹串を刺して、引き抜いたときに透明な肉汁が出てくればOK（c）。

4◆肉をスライスして野菜とともに器に盛り、粗塩を添える。

memo◆野菜はこのほか、じゃがいもや新玉ねぎなど好みのものを。

a

b

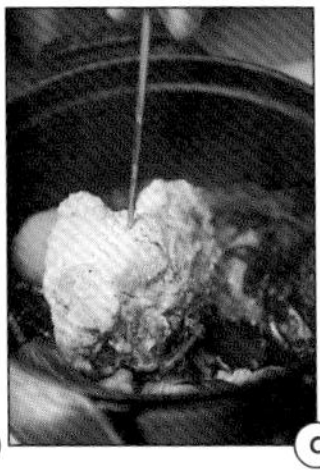
c

アジョワン／コリアンダー／クミン／マスタード

えびのフリット

ビール入りの衣でサクッと揚げたえびのフリットに、
香りを立たせた3つのスパイスをふりかけて清涼感を添えます。
えびの代わりにほたての貝柱でも同様に作れます。

材料（2人分）

えび（ブラックタイガー）… 10尾
衣
- 薄力粉 … 大さじ3
- コーンスターチ … 大さじ1と1/2
- アジョワンシード（あれば）… 少々
- 塩 … 少々
- ビールまたは水 … 適量

A
- コリアンダーシード … 小さじ1/4
- クミンシード … 小さじ1/4
- マスタードシード（p.16）… 小さじ1/4

レモン（くし形切り）… 適量
揚げ油 … 適量

シェフのプラス1スパイス

アジョワン

タイムに似た強い香りが特徴。使いすぎると苦みが出るので、少量をきかせる程度で。パン生地やサモサなどの揚げ衣の風味づけに。

作り方

1 ◆ えびは殻をむいて、背わたを取る。水洗いして水けをふく。

2 ◆ ボウルにビール以外の衣の材料を入れてざっと混ぜる。様子を見ながらビールを加え、泡立て器で混ぜる。すくうとトロトロと落ちてすぐに消えるくらいのかたさを目安にする（a）。

3 ◆ 1のえびに2の衣をつけて、170℃に熱した揚げ油に入れ（b）、からりと揚げて油をきる。

4 ◆ フライパンにAのスパイスを入れて香りが立つまでから煎りし、すり鉢などに入れて押しつぶす（c）。

5 ◆ 器に3を盛り、レモンを添える。4のスパイスをえびにふる。

memo ◆ ビールの炭酸には、天ぷらやフライの衣をサクサクに仕上げる効果が。残ったビールや炭酸水でもOK。

a

b

c

赤唐辛子／マスタード／ターメリック／
カイエンペッパー ／ブラックペッパー／クミン

ラッサム風
トマトスープカレー

南インドではおなじみの酸味と辛みを効かせたカレー風スープ、ラッサム。
特殊な材料やスパイスの数を絞って、家庭用にアレンジしました。
ご飯に混ぜて食べれば、食欲増進。夏におすすめのカレーです。

材料（2人分）

トマト … 2個
赤唐辛子（半分にちぎる）… 1本
マスタードシード（p.16）… 小さじ1
A | ターメリック … 小さじ1/4
　| カイエンペッパー … 小さじ1/4
　| 塩 … 小さじ1/4
B | ブラックペッパー … 小さじ1/4
　| クミンシード … 小さじ1/4
レモン汁 … 1/4個分
サラダ油 … 大さじ1
香菜（みじん切り）… 適量
レモンライス（作り方はp.28参照）
　または白飯 … 適量

作り方

1・フライパンでBのブラックペッパーとクミンをから煎りして、ミルでパウダー状にする。トマトはざく切りにする。

2・鍋に油と赤唐辛子を入れて中火にかける。赤唐辛子が色づいたら、マスタードを加え（a）、マスタードが弾けたらトマトを加える。

3・トマトをつぶしながら炒め、水分が飛んでペースト状になったらAを加える（b）。よく混ぜながら炒めて香りを立たせ、粉っぽさを取る。

4・スパイスがなじんだら水200mℓを加えて煮立たせる。レモン汁と1のパウダーを加えて（c）、弱火で5分ほど煮る。

5・器に盛り、香菜を散らす。レモンライスを添える。

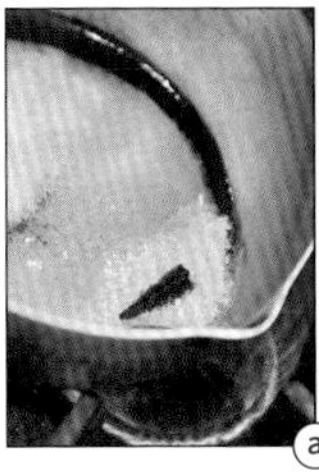
a

b

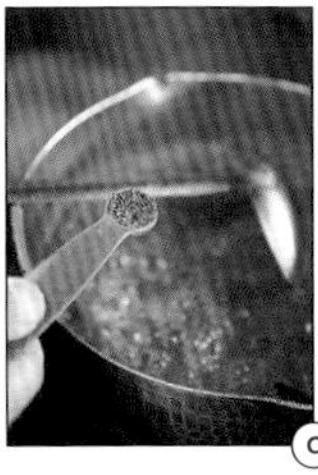
c

クローブ／シナモン／赤唐辛子／クミン／
コリアンダー／カイエンペッパー ／ターメリック

チキンキーマカレー

ほろほろに炒めたひき肉の旨みがスパイスと溶け合います。
老若男女問わず好まれる、さっぱりと食べやすいカレー。
スパイスの香りを立たせ、素材の水分を飛ばすことで本格派の味わいに。

材料（2人分）

鶏ひき肉 … 400g
玉ねぎ（粗みじん切り）… 150g
サラダ油 … 40mℓ
A｜クローブ … 4粒
｜シナモン、赤唐辛子（半分にちぎる）… 各1本
｜ベイリーフまたはローリエ … 2枚
クミンシード … 小さじ1/2
にんにくとしょうがのペースト* … 小さじ1
B｜コリアンダーパウダー … 大さじ1/2
｜カイエンペッパー … 小さじ1
｜ターメリック … 小さじ1/2
塩 … 小さじ1/2
しょうが（せん切り）、香菜（みじん切り）、赤玉ねぎ（角切り）… 各適量
クミンライス（作り方はp.28参照）または白飯 … 適量

＊にんにくとしょうがのすりおろしを同量で合わせたもの。

memo ◆ 淡泊な鶏ひき肉のカレーなので、好みで仕上げにブラックペッパーを挽いてかけるとパンチが出る。

作り方

1◆ フライパンに油とAのスパイスを入れて中火にかける。色づいて香りが立ったら、クミン（a）を入れる。

2◆ クミンが弾けたら玉ねぎを加え、木べらで混ぜながら水分を飛ばすように茶色くなるまで炒める。

3◆ にんにくとしょうがのペーストを入れて香りが立ったら、Bのパウダースパイスと塩を加える（b）。火を弱め、よく混ぜてなじませるようにする。パウダースパイスの粉っぽさが取れ、香りが立ったら、ひき肉を加える。

4◆ 強火にして木べらでダマにならないように絶えず混ぜながら炒める（c）。ひき肉がほぐれたら中火にして火が通るまで炒める。

5◆ 器に盛り、好みでしょうが、香菜、赤玉ねぎをトッピングする。クミンライスを添える。

a

b

c

フェンネル／クローブ／
シナモン／カルダモン

干しきのこのビリヤニ

バスマティ米をスパイスで炊き込んだ、人気上昇中のビリヤニ。
干しきのこの旨みと食感を利用して家庭でも手軽に作れるレシピに。
ふたを開けたときに立ちのぼるスパイスの芳醇な香りがたまりません。

材料（2人分）

バスマティ米 … 140g
まいたけ … 1パック
しめじ … 2パック
干ししいたけ … 1枚
A
 フェンネル … 少々
 クローブ … 2粒
 シナモン … 1本
 カルダモン … 1個
 ベイリーフまたはローリエ … 1枚
塩 … 小さじ1
水 … 150mℓ（しいたけの戻し汁＋水）
オリーブ油 … 小さじ1
サラダ油 … 小さじ1/2
香菜（みじん切り）… 適量

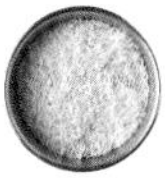

バスマティ米

インドやパキスタンが主産地の、インディカ米の1種の長粒米。パラリと軽やかな炊き上がりで、ビリヤニに欠かせない。

作り方

1• まいたけ、しめじは石づきを取り、手で細く裂いて、天日で1～2時間干して半乾燥させる。

2• 干ししいたけはひたひたの水（分量外）に浸けて1時間ほど戻し、薄切りにする。戻し汁に水を加えて150mℓにする。

3• バスマティ米を軽く洗って、30分ほど浸水させ、ざるに上げて水けをきる。

4• 鋳物の鍋にAと干ししいたけを入れ（a）、3の米、分量の水、オリーブ油、塩を入れて混ぜる（b）。ふたをして強火にかけ、沸いたら弱火にして約13分炊く。火を止めて6分蒸らす。

5• フライパンに油を熱し、1のきのこを炒め（c）、軽く塩(分量外)をふる。

6• 炊き上がった4の上に5と香菜を散らし、鍋底からさっくりと混ぜて器に盛る。

a

b

c

カレーに添えたいライスバリエ

カレーをよりおいしく味わうためのライスバリエーション。
これだけ食べても十分満足なおいしさです。

レモンライス

レモンのほのかな酸味とスパイスが穏やかに香る。

材料（2人分）

温かいご飯 … 300g
マスタードシード（p.16）
… 小さじ1/4
赤唐辛子 … 1本
レモン汁 … 小さじ1/4
ターメリック … 少々
バター … 小さじ1/4
サラダ油 … 小さじ1/2

作り方

1. フライパンに油とマスタードを入れて中火にかける。マスタードがパチパチと弾けたら、赤唐辛子、レモン汁、ターメリック、バターの順に加えて（a）混ぜながら炒める。
2. ご飯を加え、スパイスがご飯になじむように米粒をつぶさないようにさっくりと炒める（b）。

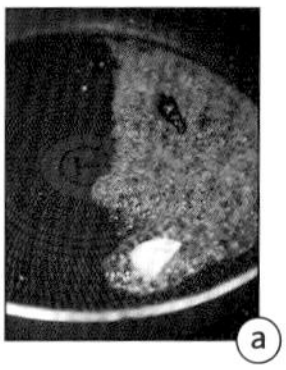

クミンライス

香ばしい香りと口の中で弾けるクミンのさわやかご飯。

材料（2人分）

温かいご飯 … 300g
クミンシード … 少々
サラダ油 … 小さじ1/2
バター … 小さじ1/4

作り方

1. フライパンに油とクミンを入れて中火にかける。クミンがパチパチと弾けて香りが油に移ったら、バターを加えて溶かす。
2. ご飯を加え、米粒をつぶさないようにさっくりと炒める。

ブラックペッパー

パプリカ

ミックス
スパイス塩

フライやフリットなど、
揚げもの全般に合うスパイス塩。
赤いパプリカの色合いも
食欲をそそります。

材料（作りやすい分量）

アーモンド（食塩不使用） … 100g
ブラックペッパー … 10g
パプリカ … 10g
塩 … 30g

作り方

フライパンにアーモンドを入れてから煎りし、ブラックペッパーとともにミルにかけて粉末にする。塩とパプリカを合わせて混ぜる。

保存 ◆ 保存容器に移し、常温で1～2週間保存可。
使い方 ◆ 素揚げ野菜や焼き魚、唐揚げ、サラダなどに添えてもおいしい。

arrange

好みの季節の野菜のフリット（皮つきれんこん、山いも、にんじん）にミックススパイス塩を添えて。

クリスピー スパイスオイル

マスタード　クミン　フェンネル　ターメリック

くるみが入ったクリスピーな
食べる香味オイル。
スパイスの香りで料理に
香りと奥行きを添えます。

材料（作りやすい分量）

くるみ（ローストして砕く）… 30g

A
- マスタードシード（p.16）… 大さじ1
- クミンシード … 大さじ1
- フェンネル … 大さじ1

ターメリック … 小さじ1

オリーブ油 … 300mℓ

作り方

1・ボウルにオリーブ油200mℓとくるみを入れる。

2・鍋にオリーブ油100mℓ、Aのスパイスを入れて火にかける（a）。スパイスが弾けたらターメリックを入れて混ぜ、熱いうちに1のボウルに加えて混ぜる（b）。

保存 ◆ 冷めたら保存容器に移し、冷蔵庫で1か月ほど保存可。

使い方 ◆ 温野菜サラダや、魚のソテー、焼いた肉にかけても。このオイルにマヨネーズやしょうゆを混ぜてもおいしい。

a

b

arrange

好みの季節の生野菜（ブロッコリー、にんじん、紅芯大根、からし菜など）と塩、こしょう、ビネガーにクリスピースパイスオイルを合わせたドレッシングであえる。

Part.2

ヨーロッパ料理のスパイス使い

European food

クリスチアノ
佐藤幸二さん

ヨーロッパではハーブ文化が主流で、料理にそれほどスパイスを使うことはありません。その中でポルトガルは、南部のムスリムやインド系のベジタリアンが多い地域の影響からか、比較的多くのスパイスを使います。またスパイスにミント、イタリアンパセリ、香菜などのハーブを組み合わせて使うことも多いですね。

クローブ1つとっても いろいろな使い方があります

スパイス初心者におすすめするなら、カレーの香りをイメージさせるクミンですね。日常的にクミンを使う国は多く、どんな料理にも合わせやすい。香りはシードよりパウダーが強めです。

また、辛口の料理が好きな方は、クローブもぜひ使ってほしいです。独特の苦みが辛みを引き立てます。今回のレシピではさまざまなクローブの使い方をしています。

すずきのクローブマリネ（p.36）はクローブをゆで汁に入れて香りを浸透させ、その中ですずきをゆで、ほんのりクローブの香りをまとわせるという方法です。鶏レバーのポルト酒ソテー（p.37）では煮込み料理ではないので、クローブの甘い頭の部分だけを使っています。花弁下の軸部分はかたく、かめないこと、苦みが多いことが取り除いている理由です。

佐藤幸二《さとう・こうじ》

調理師専門学校で和食を学び、卒業後はホテルで西洋料理を担当。その後20歳でイタリアへ渡り、イタリア各地、ロンドン、バンコクなど6年間を海外で過ごす。帰国後は、オーストラリアワインバー「アロッサ」で料理長をつとめる。2010年に日本人の味覚に合うポルトガル料理店「クリスチアノ」をオープン。その後も何かと話題を集める都内富ヶ谷エリアを中心に、複数の店舗を経営。

佐藤さんの好きなスパイスはなんですか？

あえて好きを作らないようにしています。自身の性格上、お店のレシピを考える上で好きな方向の味に傾倒しがちだからです。

NOTHING

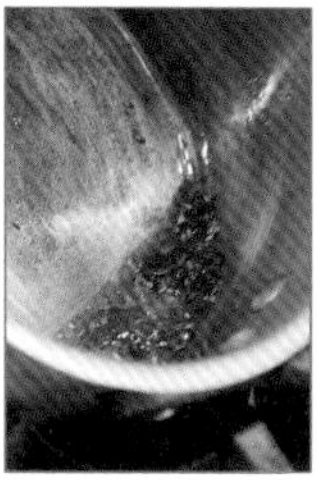

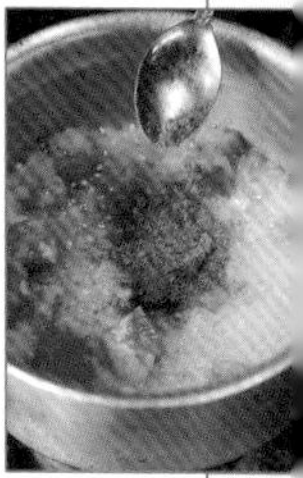

甘く、濃厚な香りのクローブは肉の臭み消し効果があります。肉のかたまりやハムなどにクローブを刺して焼いたり、シチューやポトフなどの煮込み料理やガーリックビーフピラフ（p.48）に加える場合は、玉ねぎにクローブを刺して使います。このピラフは海外修業時代、よく食べていた思い出の味。クローブは食べないので、あとで鍋の中で迷子にならず、取り出しやすくもなります。

鶏肉の赤ワイン煮込み（p.42）のようにクローブは赤ワインを使用した料理と相性がいいと思います。

スパイスに旨みの要素はありません 香りや味つけを増幅させるものです

スパイスは味ではなく、香りです。旨みを作る要素はありません。たくさん使うほどおいしくなるものではなく、入れすぎるとかえって苦みが出るなど味に影響します。

スパイスの使い方としてはブラックペッパー、クミンなどの香りのスパイスは油（油脂）と合わせます。コリアンダー、ターメリック、クローブなど味つけのスパイスは液体と合わせたほうが効果を発揮します。また、八角、赤唐辛子、カルダモンはどちらでもOKです。

本書で紹介している自家製調味料の大根おろしのカレーペースト（p.52）は「大人カレーペースト」としてお店でも販売しているものです。小さなお子さんがいる家庭でカレーを作るとなると、大人用、子ども用と2つカレーを準備しなければならず、めんどう。そんな人のために僕の実体験から生まれた、大根おろしにスパイスを加えたペーストです。カレーの味も濃度も変えずに、甘口タイプのカレーに1さじのせるだけで辛口に変身。スパイスの可能性が感じられる僕の自信作です。ぜひ作ってみてください。

クミン

にんじんとオレンジのポルトガル風サラダ

にんじんとオレンジの最強コンビを引き立てるのが、クミンオイル。
エキゾチックな香りとプチッとした口当たりがアクセント。

材料（2人分）

にんじん … 1本（90g）
｜塩 … 小さじ1/3
トマト … 25g
オレンジ … 1/8個
A｜はちみつ … 小さじ1強
｜赤ワインビネガー … 6㎖
｜クミンオイル … 小さじ1
香菜（みじん切り）… 適量
仕上げ用クミンオイル … 小さじ1/3

memo ◆ シリシリ器を使うと、にんじんの表面にざらつきが出るので、味がしみやすい。にんじんがシャッキリしている作りたてがおいしい。

作り方

1◆ にんじんはできればシリシリ器で粗めに削る。なければスライサーで太めのせん切りにする。ボウルに入れ、塩をふって混ぜる。

2◆ トマトは1cmの角切りにする。オレンジは半分は皮をむいていちょう切りにし、残りは果汁を搾る。

3◆ 1に2とAを加え、にんじんがしんなりしないよう手早く混ぜて器に盛る。香菜を散らし、仕上げ用クミンオイルをかける。

クミンオイル

材料（作りやすい分量）

クミンシード… 30g
オリーブ油 … 大さじ5
ローリエ … 1枚

作り方　フライパンにすべての材料を入れて強火で炒める。白い細かい泡が出てきたら極弱火にして10分ほど火を通す。保存容器に入れ、常温で半年ほど保存可。サラダのドレッシングやトッピング、焼いた肉や魚にかける、カレーの追いクミンなどにも向く万能オイル。

赤唐辛子

きゅうりとひよこ豆のピクルス

ひよこ豆はゆでずに直接ピクルス液に漬ければOK。
このまま食べるほか、調味料的なピクルスとしても活躍します。

材料（2人分）

きゅうり … 1本（120g）
ひよこ豆（乾燥）… 15g
ローリエ … 1/4枚
にんにく … 1かけ（つぶす）
赤唐辛子 … 1本
ピクルス液*
　塩 … 小さじ1/2
　水 … 50㎖
　白ワインビネガー … 小さじ1

＊この割合で容器に応じて材料が浸る量を作る。

memo ◆ このまま食べるほか、刻んでヨーグルトに混ぜたり、焼いた肉や魚、煮込み料理にのせてもおいしい。

作り方

1. きゅうりは半分に切り、縦4等分に切る。
2. 赤唐辛子は網にのせ、直火で両面5秒ずつ素焼きする（a）。
3. 保存ビンにひよこ豆、ローリエ、赤唐辛子、にんにく、きゅうりの順番で入れ、混ぜ合わせたピクルス液を材料が浸る量まで注ぐ。初日は室温におき、翌日から冷蔵庫へ。発酵が始まり、1週間ほどしたら食べられる。

a

ゆでて火を通したすずきにクローブが甘くほのかに香ります。
簡単にさっとゆでるだけで、見た目も華やかでおしゃれな前菜に。

材料（2人分）

すずき（切り身）… 2切れ（160g）

A
- 塩 … 小さじ1/3
- 水 … 400mℓ
- 塩 … 小さじ1
- クローブ … 15粒

赤ワインビネガー … 小さじ2
オリーブ油 … 大さじ1
レモン、イタリアンパセリ（みじん切り）… 各適量
ピンクペッパー（あれば）… 適量

作り方

1. すずきは一口大に切って、塩をふって下味をつける。
2. 鍋にAを入れて沸騰したら、1を入れる。再び沸騰したら火を止めて1分ほどおき、ざるに上げて水けをきる。
3. 2が熱いうちに皿に並べ、赤ワインビネガーとオリーブ油を回しかける。冷蔵庫で5分ほど冷やす。
4. 冷蔵庫から取り出して塩1つまみ（分量外）をふってレモンを搾り、イタリアンパセリとピンクペッパーを散らす。

ホワイトペッパー／クローブ

鶏レバーのポルト酒ソテー

クローブはねっとりと濃厚な風味のレバーと相性抜群。
また仕上げにふる、甘いポルトワインの印象をさらに引き立てます。

材料（2人分）

鶏レバー … 150g
- 塩 … 小さじ1/2
- ホワイトペッパーパウダー … 1つまみ

玉ねぎ … 30g
オリーブ油 … 小さじ1
クローブ … 4粒
ポルトワイン* … 20mℓ
イタリアンパセリ（みじん切り）… 適量

*ポルトガルの甘めの赤ワイン。なければ赤ワイン100mℓに10gの上白糖を混ぜて使用。

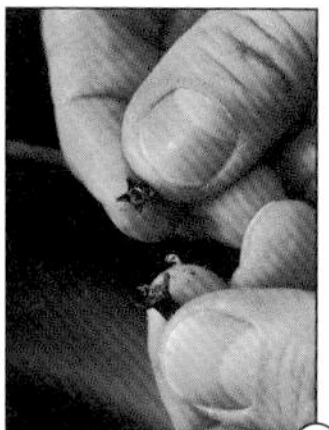

a

作り方

1. レバーは水洗いして、血のかたまりを除く。水けをふいて一口大に切る。塩、ホワイトペッパーをふって下味をつける。
2. 玉ねぎはみじん切りにし、塩1つまみ（分量外）をふって軽くもむ。水けが出たら水洗いして、ペーパータオルで水けを絞る。
3. クローブは軸を取って頭の部分だけを使う（a）。
4. フライパンにオリーブ油を熱し、2と3を加えて弱火で炒める。クローブの香りが立ったら1を加え、強火で炒める。
5. レバーの両面に焼き色がついたら、ワインを少しずつ加えてさっと炒める。仕上げにイタリアンパセリを加えて混ぜる。

ホワイトペッパー／シナモン／クミン

豚薄切り肉のスパイス炒め

玉ねぎだけに焼き色と燻し香をつけ、肉は焼き色をつけずに炒めます。
豚肉の旨みをもっともシンプルに味わうなら、この方法で。
ポルトガルのマデイラ諸島で好まれるスパイス+白ワインの組み合わせです。

材料（2人分）

豚バラ薄切り肉 … 90g
豚肩ロース薄切り肉 … 90g
- 塩 … 小さじ1/3
- ミックスパウダー（ホワイトペッパー／シナモン／クミンを同割で混ぜる） … 小さじ1/2

玉ねぎ … 1/4個
白ワイン … 小さじ1
オリーブ油、イタリアンパセリ（ざく切り）… 各適量

作り方

1. 豚肉はそれぞれ食べやすい大きさに切って、バットなどに広げるように並べる。塩とミックスパウダーをふって軽くもむようにやさしく混ぜる（a）。玉ねぎはくし形切りにする。
2. フライパンを中火で熱し、玉ねぎを素焼きする（油は使わない）。玉ねぎ全体に焼き色がついたら弱火にし、玉ねぎの上に1の肉をのせる。
3. 肉から脂が出てきたら肉に火が入りすぎないようにさっと炒め（b）、白ワインをふる。
4. 器に盛り、オリーブ油を回しかけ、イタリアンパセリを散らす。

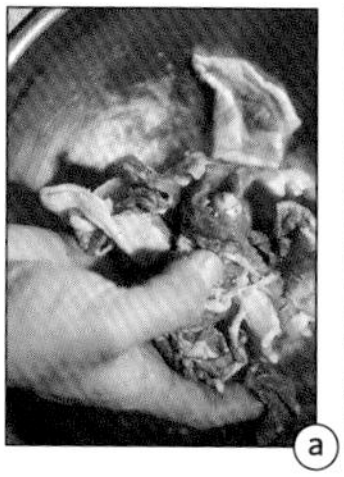
a

b

クミン／コリアンダー／カイエンペッパー

白身魚の
カルディラーダ・カレー風味

ポルトガルの定番料理カルディラーダはブイヤベースのこと。
魚介の取り合わせも白身魚だけにして家庭用にアレンジ。
深いコクとスパイシーな香りが食欲を刺激します。

材料（2人分）

白身魚（たらやパンガシウスなど）
… 150g
｜塩 … 小さじ1/3
玉ねぎ … 1/2個（100g）
にんにく（みじん切り）… 1かけ
トマト … 1/4個（50g）
じゃがいも … 1/2個（70g）
A｜クミンパウダー … 小さじ1弱
｜コリアンダーパウダー
｜… 小さじ1
｜カイエンペッパー
｜… 小さじ1/2
塩 … 小さじ1/2
水 … 200mℓ
オリーブ油 … 大さじ2と1/2

作り方

1• 玉ねぎはすりおろす。トマトは小さめの角切りにし、じゃがいもは1cm厚さに切る。

2• 白身魚は一口大に切り、塩をふって下味をつける。

3• 鍋にオリーブ油を熱し、玉ねぎ、にんにく、トマトを加えて弱火で炒める。

4• Aのスパイスを加えてなじませ、トマトをつぶしながら炒める（a）。

5• 玉ねぎやトマトの水分が飛んでペースト状になったら、塩を加え混ぜ、さらに分量の水を加える（b）。

6• 5が沸いてきたら白身魚、じゃがいもの順に加え、弱火で20分ほど煮込む。

memo • 本来はソフリット（玉ねぎ、にんじん、セロリなどの香味野菜炒め）を作るが、すりおろし玉ねぎで時短レシピに。

ⓐ

ⓑ

八角／クローブ／シナモン／
クミン／ブラックペッパー

鶏肉の赤ワイン煮込み

弱火でじっくり煮込んだ、ホロホロの口当たりの鶏手羽先が絶品です。
味の決め手は油に移した5つのスパイスの香り。煮込む水分は玉ねぎと赤ワインだけ。
骨つきもも肉で作るとより豪華に、おいしさも倍増します。

材料（2人分）

鶏手羽先 … 300g
玉ねぎ … 小1個（160g）
オリーブ油 … 大さじ2
赤ワイン … 100mℓ
A | 八角 … 2かけ
　| クローブ … 8粒
　| シナモン … 2g（1/4本）
　| クミンシード … 1つまみ
　| ブラックペッパー … 7粒
レモン（くし形を半分に切る）
… 適量

作り方

1. 玉ねぎはくし形切りにする。

2. 鍋にオリーブ油、Aのスパイスを入れ、弱火にかけて香りを出す（a）。ふつふつと泡立ってきて、泡が大きくなったら1を加える。

3. 塩1つまみ（分量外）をふって玉ねぎにからめ（b）、玉ねぎの上に手羽先をのせる（c）。ふたをして弱火で30分ほど煮、赤ワインを加えて混ぜ、再びふたをしてさらに30分煮込む。途中煮詰まったら、水と少量の塩を足して調節するとよい。

4. 仕上げにレモンを搾って器に盛り、レモンを添える。

a

b

c

ブラックペッパー／フェンネル／カイエンペッパー

豚ひき肉のサルシッチャ

イタリアのソーセージ、サルシッチャを腸詰なし、丸めるだけのレシピですが、
スパイスの香りと辛みで本格派の味わい。ワインのお供におすすめです。
大きく作るとジューシー、小さく丸めて焼くとカリッとした食感に。

材料（2人分）

豚ひき肉（粗挽き）… 200g
塩 … 小さじ1/2
A　にんにく … 1/2かけ
　　白ワイン … 大さじ1
B　ブラックペッパー … 小さじ1/2
　　フェンネル … 小さじ1/3
　　カイエンペッパー … 小さじ1/3
パイナップル（いちょう切り）… 適量
オレンジ（くし形を半分に切る）… 適量

作り方

1. Aの白ワインにつぶしたにんにくを10分ほど漬けて、香りを移す。にんにくは取り除く。
2. Bのブラックペッパーは包丁の腹やビンを転がして粗くつぶす（a）。
3. ひき肉に塩とBのスパイスを加え、練らずに全体にからめるように混ぜる。1を加え（b）、手早く均一に混ぜ、2〜3cm大に丸める（c）。
4. フライパンに3とパイナップル、オレンジを入れて弱火で炒める。ソーセージとフルーツ全体に焼き色がついたらふたをして、5分ほど蒸し焼きにする。

a

b

c

ブラックペッパー／クミン／コリアンダー／
パプリカ／カルダモン／チリペッパー

アフリカンチキン

ポルトガルの植民地だったマカオの名物料理、ポルトガル風タンドリーチキン。
鶏肉をマリネするミックススパイスは、クミンとコリアンダーで香りのベースを、
パプリカで赤い色、チリペッパーで辛みをつける絶妙なバランスです。

材料（2人分）

鶏もも肉 … 200g

A
- 塩 … 小さじ1/3
- トマトピューレ … 小さじ1と1/2
- ココナッツミルク … 大さじ1/2
- にんにく（すりおろし）… 1/3かけ分
- しょうが（すりおろし）… 少々
- 塩、ブラックペッパーパウダー … 各少々
- ミックスパウダー（クミン、コリアンダー、パプリカ各1とカルダモン、チリペッパー各0.5の割合で混ぜる）… 小さじ1

オリーブ油 … 大さじ2

トマト（角切り）、レモン（くし形を半分に切る）、香菜（ざく切り）… 各適量

作り方

1. 鶏肉に塩をふって下味をつける。
2. Aを混ぜ合わせ、半量のオリーブ油大さじ1を加えて混ぜる。1にもみ込むようにまぶして1時間ほどマリネする（a）。
3. フライパンに残りのオリーブ油を中火弱で熱し、2の鶏肉の皮目から入れ、こんがりと焼く。焼き色がついたら裏返してふたをし、弱火でさらに2分ほど蒸し焼きにする。
4. 食べやすい大きさに切って器に盛り、残ったフライパンの油もかける。トマト、レモン、香菜を添え、好みでご飯を添える。

a

クローブ／ブラックペッパー

ガーリックビーフピラフ

ピラフは生米から炊くと、余分な粘りが出ず、パラリと仕上がります。
クローブを刺した玉ねぎをいっしょに炊き込んで甘い香りをプラス。
牛肉のミント炒めと合わせ、砕いたブラックペッパーで味を引き締めて。

材料（2人分）

ピラフ
- 米 … 200g
- 水 … 220mℓ
- 塩 … 少々
- 玉ねぎ … 1/4個
- クローブ … 5粒
- ブラックペッパー … 大さじ1/2
- オリーブ油 … 大さじ1

牛肩ロース薄切り肉 … 100g
- 塩 … 小さじ1/3強

にんにく … 3かけ
バター（食塩不使用）… 15g
フレッシュミントの葉 … 1つまみ
香菜（みじん切り）、レモン（くし形を半分に切る）… 各適量

作り方

1・ブラックペッパーはビンを転がして砕く（a）。玉ねぎの背にクローブを刺す。

2・ピラフを炊く。鍋にオリーブ油を熱し、米を洗わずに加える。木べらで米全体に油と熱が回るまで炒める。分量の水と塩を加えて混ぜ、1の玉ねぎを加えて（b）ふたをする。ふたの上に重石をのせて密閉し、弱火で15分ほど炊き、10分ほど蒸らす。

3・炊き上がったら玉ねぎを取り出し、鍋の底からさっくりと大きく混ぜる。玉ねぎはクローブを抜き、細かくカットする。

4・牛肉は食べやすい大きさに切り、塩をふって下味をつける。にんにくはみじん切りにする。

5・フライパンにバター、にんにくを入れて熱し、にんにくの香りが立ったら牛肉、ミントを加えて炒める（c）。肉の色が変わったら弱火にして上にピラフ、3の玉ねぎ、1のブラックペッパーをのせて少しおいてから炒める。木べらでピラフを切るように炒め、全体になじんだら香菜を加えてざっと混ぜて仕上げる。器に盛り、レモンを添える。

ピラフを炊飯器で炊く場合

作り方

1・右記の作り方1と同様に作る。
2・米は洗って30分ほど浸水して、ざるに上げて水けをきる。ブラックペッパー以外の材料を炊飯器に入れて普通に炊く。あとは右記の作り方3〜5と同様に作る。

a

b

c

パプリカ／チリペッパー／コリアンダー

チキンガンボスープ

鶏肉とガンボ（オクラ）のとろみのスパイシーなトマトスープ。
パスタを加えて煮込むとボリュームアップしておなかも満足。
パプリカやチリペッパーで赤く色づけした、目にも刺激的なひと皿。

材料（2人分）

鶏もも肉 … 100g
玉ねぎ … 70g
オクラ … 5本（40g）
にんにく（つぶす）… 1かけ
トマトピューレ … 大さじ4
白ワインビネガー … 5mℓ
水 … 350mℓ
スパゲッティ（2〜3cm長さに折る）
… 3〜4本
塩 … 小さじ1/2
ケイジャンスパイス
（下記の割合で合わせたもの）
… 大さじ1

パプリカ … 18g
チリペッパー … 9g
ガーリックパウダー … 9g
コリアンダーパウダー
… 大さじ1弱
オレガノ … 大さじ2
タイム … 小さじ1

作り方

1◆鶏肉、玉ねぎは1cmの角切りにする。オクラはヘタを除き、小口切りにする。

2◆鍋に分量の水、鶏肉、玉ねぎ、にんにくを入れて強火にかけ、煮立ったらオクラ、トマトピューレ、白ワインビネガーを入れ、弱火で5分ほど煮る（a）。

3◆スパゲッティ、塩、ケイジャンスパイス（b）の順に加えてさらに弱火で30分ほど煮込む。

memo◆ビネガーを加えるとトマトの酸味がしまって、まろやかに。ケイジャンスパイスは炊き込みご飯に、また肉やソーセージ、魚などのロースト&グリル料理におすすめ。表記の半量で作ってもよい。

a

b

手作りスパイスペースト

大根おろしのカレーペースト

ガラムマサラ

カイエンペッパー

塩分不使用。
大根おろしがメインの辛口ペースト。
カレーやスパゲッティを
味を変えず、1さじで辛口に。

材料（でき上がり約200mℓ）

大根（おろす）… 200g
水 … 60mℓ
サラダ油 … 90mℓ
ガラムマサラ … 12g
カイエンペッパー … 大さじ2/3

作り方

1・小鍋にすべての材料を入れ、中火にかける。最初だけゴムべらで混ぜ（a）、10分ほどそのまま火を入れる。水けが飛び、油が表面でふつふつしたら（b）、弱火で1分ほど煮る。
2・すぐに鍋の底を氷水につけて急冷する。冷めたら油を乳化させるように混ぜる。

保存 ◆ 保存容器に移し、冷蔵庫で約1か月保存可能。
使い方 ◆ 甘口カレーのほかパスタやオムライスなどに添えても。

a

b

arrange

子ども用に作った甘口のカレーに大根おろしのカレーペーストを1さじ加えるだけで、大人仕様のスパイシーでホットなカレーに味変。

シェフのプラス1スパイス

ガラムマサラ

クローブ、シナモン、カルダモンなどをベースに調合されたインドを代表するミックススパイス。

Part.3

中国料理のスパイス使い

Chinese food

四川家庭料理 中洞
中洞新司さん

お店のメニューの最初に僕の目指す四川料理の「四箇条」があります。その中の1つが、「百吃《バイチー》不《ブ》厌《イェン》」（何度《百回》食べても飽きない）。

四川料理＝辛いとイメージする人がほとんどです。辛みの強い四川料理の多くは塩分や糖分、そして化学調味料が多量に使われていて、インパクトが強い分食べ飽きてしまう。化学調味料を加えることで劇的においしくなるなら、使ってもいいと思いますよ。僕は、不使用でもおいしいと思えるものが作れたので使っていないだけ。料理のコクを出すのはスパイスなどの香辛料や自家製の調味料で十分です。後味もいいし、食後に喉も渇きません。

四川料理に欠かせない赤唐辛子と花椒の効果的な使い方

四川料理に欠かせないスパイスは、麻辣（麻＝花椒《ホワジャオ》によるしびれ、辣＝唐辛子の辛み）味としておなじみの唐辛子と花椒です。赤唐辛子はホールのままだと、香りと辛みが出にくいので、半分に切ったり、小口切りにして使います。種は取り除いたほうが無難ですね。はじめに油でゆっくりていねいに炒めると香りと辛みがよりアップします。反対にパウダーの一味唐辛子は香りと辛みが出やすいので、調理途中で加えます。ラー油のような赤いきれいな色に仕上がります。

花椒の香りを生かしたいときはホー

中洞新司
なかほら・しんじ

調理師専門学校を経て、東京を代表する中国料理店「南国酒家」に入店。その後神楽坂の人気店「芝蘭」で修業後、四川料理に魅せられて、本場成都に1年余り留学。帰国後、「芝蘭」の料理長をつとめ、2018年に「四川家庭料理 中洞」をオープン。「毎日食べたくなる」をモットーに、化学調味料不使用の家庭的な四川料理を提供する。

中洞さんの好きなスパイスはなんですか？

赤唐辛子。色、香り、辛み、旨み、甘み、上手に使うとこれらすべてを引き出せるから。

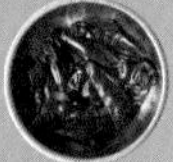

Red pepper

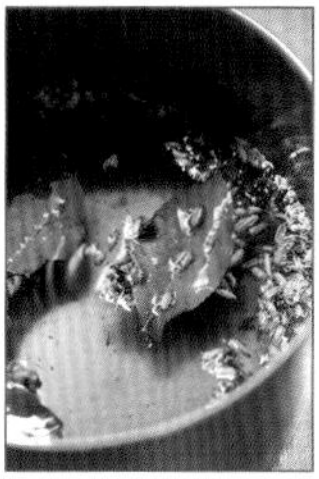

ルのままスープや煮込みに加えます。ただし、量の使いすぎや長時間加熱は、花椒特有のえぐみが出るので注意してください。パウダーは料理の仕上げにふる、あえものに混ぜる、花椒塩を作るなどのシンプルな使い方がおすすめです。

また甘く、強い香りの八角は1かけでも十分香ります。肉のクセをやわらげるので豚肉や鶏肉などの煮物には欠かせません。

スピードが勝負の中国料理に、自家製スパイスオイルが活躍

今回紹介している自家製スパイスオイルやスパイスしょうゆは、料理にすぐに使えて重宝します。

唐辛子オイル（p.66）は、赤唐辛子の香りが出て、焦げる一歩手前まで加熱したもの。白く仕上げたいあえものや炒めものに辛みと風味を添えます。香味オイル（p.68）はフェンネルと花椒のさわやかでマイルドな香り油。たれやソースのベースに、またシンプルな野菜炒めなどのオイルにおすすめです。オイルならパウダーのように口に残らないですし。お店ではねぎの香りを移したねぎ油、ピリッとした山椒油、ラー油なども手作りしています。

また四川料理の雲白肉《ウンパイロー》のたれに欠かせない、香り高い甘じょうゆの甜《テン》醤油《ジャンユ》（p.70）。市販品もありますが、簡単なのでぜひ手作りしてみてください。四川省に留学中、ほぼ毎日食べていた肉そぼろあえ麺（p.71）のたれのベースを甜醤油でアレンジしました。

レシピはあくまで参考書。人それぞれに味の好みは違います。まずはレシピ通りに作ってみて、自分好みの味を見つけてください。家庭料理はもっとフレキシブルに、食材、調味料などすべて「そこ」にあるもので作るというのが僕の身上です。

花椒

れんこんの花椒炒め

何気ない炒めものも仕上げの花椒粉の1ふりで、
一気にさわやかな中華味にグレードアップ。

材料（2人分）

れんこん … 中1節
A｜しょうゆ、酒 … 各小さじ1/4
｜砂糖 … 少々
花椒《ホワジャオ》粉 … 少々
サラダ油 … 大さじ2

作り方

1. れんこんは皮をむき、5㎜厚さほどの薄切りにし、さっとゆでて水けをきる。
2. 鍋に油を熱し、1を加えて油がなじむまで炒め、Aを加えて味をととのえる。仕上げに花椒粉をふって全体にからめる。

クミン

ポテトチップスクミン塩

おなじみのポテトチップスもクミン風味の塩をふるだけで、
ちょっとスパイシーに。つまむ手が止まりません。

材料（2人分）

じゃがいも（メークイン）… 大1個
クミンパウダー、塩 … 各適量
揚げ油 … 適量

作り方

1. クミンと塩を1：1の割合で混ぜてクミン塩を作る。
2. じゃがいもは皮をむき、スライサーで縦に薄くスライスする。たっぷりの水に放して2〜3回水を替え、表面の余分なデンプンを抜く。ざるに上げて水けをきり、水けをよくふき取る。
3. 揚げ油を150℃に熱し、2を入れてときどき混ぜながら好みの色づき加減まで、ゆっくりと揚げる。油をきって熱いうちにクミン塩をふる。

赤唐辛子／花椒

豚肉とキャベツの甘酢唐辛子炒め

赤唐辛子で辛みを、花椒でさわやかな香りを移した油で、
豚肉とキャベツをささっと炒めたご飯が進むおかず。
仕上げにふる酢でまろやかさをプラス。

材料（2人分）

豚バラ薄切り肉 … 100g
キャベツ … 大3枚
赤唐辛子 … 5本
花椒《ホワジャオ》 … 10粒
A | 酒 … 小さじ1/2
  | 砂糖 … 小さじ1
  | しょうゆ … 小さじ2
酢 … 小さじ1
サラダ油 … 大さじ1

作り方

1• 豚肉は食べやすい大きさに切る。キャベツは手でちぎり、塩少々（分量外）をふって軽くもむ。

2• 鍋に油を熱し、半分に切った赤唐辛子を入れて色が変わるまで炒め、花椒を加えて（a）、油に香りが移ったら一度取り出す。

3• 2に豚肉を加えて強火で炒め、肉に火が通ったらキャベツを加えてさっと炒める。Aで調味し、赤唐辛子、花椒を戻し入れてからめるように炒め、酢をふって仕上げる。

memo • 好みで赤唐辛子の種を除くと辛みをおさえられる。

a

八角／シナモン／クミン

鶏肉と車麩のうま煮

独特な甘い香りの八角やまろやかな香りのシナモンが
鶏肉をやさしく包み込みます。
煮汁をたっぷり吸った車麩のおいしさにもびっくり。

材料（2人分）

鶏もも肉 … 200g
- 塩、こしょう … 各少々
- 酒 … 小さじ1/2

片栗粉 … 適量
焼き麩（車麩）… 1個
A
- 八角 … 2かけ
- シナモンパウダー、クミンパウダー … 各小さじ1/4

鶏ガラスープ（鶏ガラスープの素を表示の分量の水で溶く）… 300mℓ
酒 … 大さじ1
塩 … 小さじ1/4
サラダ油 … 大さじ1〜2
香菜（ざく切り）… 1つかみ

作り方

1. 焼き麩はたっぷりの水で戻し、水けを絞って6等分に切る。
2. 鶏肉は一口大に切って、塩、こしょう、酒で下味をつけ、片栗粉を薄くまぶす。
3. 鍋に油を熱し、鶏肉を加えて表面を焼きつけるように炒め、色づいたらAのスパイスを加えて、香りを出すように炒める。
4. 鶏ガラスープと酒を加え、強火で煮立たせる。1の麩と塩を加え、1〜2分煮る。香菜を加え、ひと煮立ちさせる。

一味唐辛子／クミン／ブラックペッパー／花椒

牛肉、セロリの
スパイシー炒め

牛肉と相性のいいクミンのエキゾチックな香りと
唐辛子のガツンとくる辛みが絶妙な炒めもの。
香り野菜のセロリのシャキシャキ感も欠かせません。

材料（2人分）

牛焼き肉用（もも、ハラミ、カルビなど）
… 120g
｜塩、こしょう … 各少々
｜酒 … 小さじ1/4
セロリ … 1/2本
酒 … 小さじ1/2
塩 … 小さじ1/4
A｜一味唐辛子 … 小さじ1/2
｜クミンパウダー … 小さじ1/2
｜ブラックペッパーパウダー、
｜花椒《ホワジャオ》粉 … 各小さじ1/4
サラダ油 … 大さじ1

作り方

1• 牛肉は塩、こしょう、酒をふって下味をつける。セロリは筋を取り、斜め薄切りにする。

2• 鍋に油を熱し、牛肉を並べ入れ、両面に焼き色をつける。次にセロリを加えて炒める。

3• 酒と塩をふり、Aのスパイスを全体にまんべんなくふって加え（a）、香りが出るまで炒める。鍋肌からしょうゆ数滴（分量外）をたらして仕上げる。

a

一味唐辛子

豚ひき肉と春雨の唐辛子炒め煮

ひき肉の旨みと唐辛子の辛みを吸った春雨が美味。
とにかくご飯が進む極めつけのひと皿。
四川の現地でもポピュラーなふだん感覚のおかずです。

材料（2人分）

豚ひき肉 … 40g
春雨（水で戻して）… 90g
おろしにんにく… 小さじ1/2
しょうが（みじん切り）… 小さじ1/2
一味唐辛子 … 小さじ1
豆板醤 … 小さじ1
A | 鶏ガラスープ（鶏ガラスープの素を表示の分量の水で溶く）… 300mℓ
A | 酒 … 小さじ1/2
長ねぎ（みじん切り）… 小さじ1/2
しょうゆ、黒酢 … 各少々
サラダ油 … 大さじ1/2

作り方

1• 鍋に油を熱し、にんにく、しょうがを加えて炒める。香りが立ったらひき肉を加え、お玉の底で鍋肌に押しつけるように炒める。

2• ひき肉の色が変わったら一味唐辛子(a)、豆板醤を加えて香りが出るまで炒める。

3• Aを加えて煮立ったら春雨を加え、煮汁が少なくなるまで煮る。

4• 仕上げに長ねぎを加え、しょうゆ、黒酢をふって味をととのえる。

a

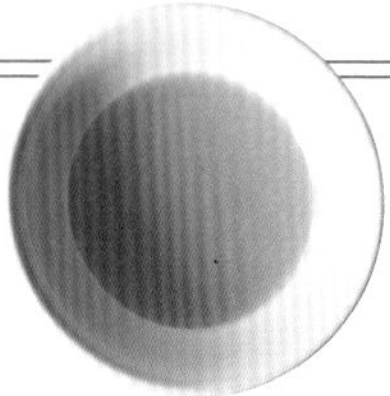

唐辛子オイル

赤唐辛子

唐辛子の旨みと香りを
引き出したスパイスオイル。
その辛みで
脂のしつこさも解消。

材料（でき上がり約300mℓ分）

サラダ油 … 300mℓ
赤唐辛子 … 10本

作り方

鍋に油と半分に切った赤唐辛子を入れ、赤唐辛子が黒く色づく寸前まで（a）弱火で加熱する。ボウルに移し、一晩おく。

memo ◆ 辛さが苦手な人は、赤唐辛子の種をはずして作るとよい。

保存 ◆ 赤唐辛子を除いて保存容器に移す。冷蔵庫で約2週間保存可能。
使い方 ◆ 鶏肉や魚のソテーのオイルに。白菜の甘酢あえにかけたり、サラダのドレッシングにプラス。パスタのオリーブ油の代わりや焼きそばの仕上げにふっても。

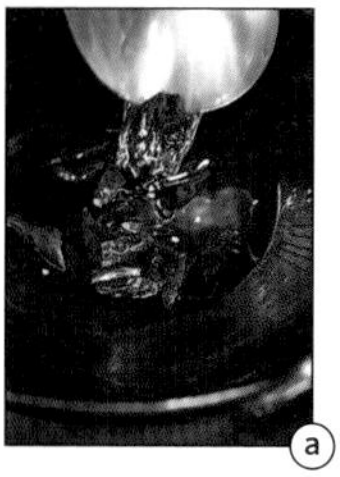

a

arrange 1

香菜の
唐辛子オイルサラダ

香菜好きにはたまらないおつまみサラダ。
シャキシャキした食感の辛みがクセになります。

材料（2人分）

香菜 … 1把
きゅうり … 1/4本
唐辛子オイル … 小さじ1/2
塩 … 少々

作り方

1◆ 香菜はざく切り、きゅうりは細切りにする。

2◆ ボウルに1を入れ、唐辛子オイルと塩を加えて混ぜる。

arrange 2

ゆで鶏の唐辛子オイルあえ

鶏肉は冷めるまでゆで汁に浸けておくのが、
しっとりやわらかく仕上げるコツ。

材料（2人分）

鶏もも肉 … 1枚（250～300g）
｜塩 … 少々
海藻（クロメやわかめなど）
… 適量
塩 … 小さじ1/4
唐辛子オイル … 小さじ1

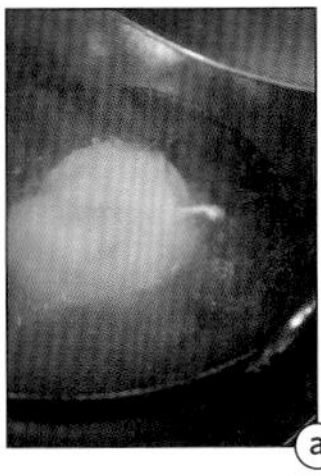

a

作り方

1. 鶏肉に塩をもみ込み、10分以上おく。
2. 鍋にたっぷりの湯を沸かし、1を入れてごく弱火で5分ほどゆでる。
3. 火を止め、ふたをして20分ほど余熱で鶏肉に火を通す（a）。
4. 3の粗熱が取れたら一口大にカットし、海藻、塩、唐辛子オイルを加えてあえる。

手作りスパイスオイル

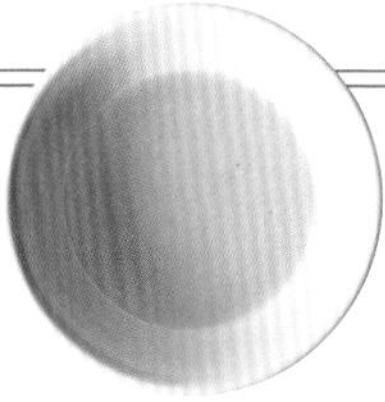

香味オイル

フェンネル

花椒

コク豊かで香り高く余韻も長い
フェンネルとさわやかな花椒《ホワジャオ》の
マイルドな香り油。
たれやソースに加えたり、
炒めもののオイルにおすすめです。

材料（でき上がり約300mℓ分）

サラダ油 … 300mℓ
長ねぎの青い部分 … 4本
しょうが … 3かけ
A | フェンネル … 10粒
| 花椒 … 10粒
| ローリエ … 1枚

作り方

1・鍋に油と長ねぎの青い部分としょうがを入れ、色づく寸前まで弱火にかける。
2・Aを入れたボウルに1を漉しながら移し、一晩おく（a）。

保存 ◆ Aを除いて保存容器に移し、冷蔵庫で約2週間保存可能。
使い方 ◆ たたききゅうりをあえたり、せん切りじゃがいもを炒めてもおいしい。p.62の牛肉、セロリのスパイシー炒めのサラダ油もこのオイルに変えるとひと味アップ。

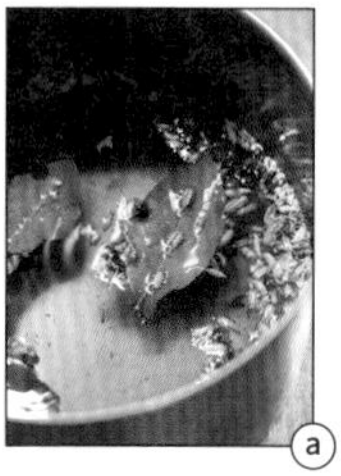
a

arrange 1

青梗菜炒め

香味オイルから豊かなスパイスの香りが
立ちのぼります。青菜は空芯菜《クウシンサイ》、ターサイ、
小松菜などで応用を。

材料（2人分）

青梗菜《チンゲンサイ》 … 150g
にんにく、しょうが（粗みじん切り）
… 各小さじ1/2
塩 … 小さじ1/2弱
香味オイル … 大さじ1強

作り方

1・青梗菜は茎と葉で半分に切り、茎は六つ割りにする。沸騰した湯に茎の部分だけ入れてさっとゆで、八割がた火を通して水けをきる。

2・鍋に香味オイルを熱し、にんにく、しょうがと1の青梗菜を入れて強火で炒め、塩で味をととのえる。

arrange 2

卵とトマトのとろとろ炒め

ふわとろの卵に薄切りのトマトがジューシー。
基本の味つけは塩としょうゆですが、香味オイルで炒めるのがポイント。

材料（2人分）

卵 … 3個

A
- 長ねぎ（みじん切り）… 小さじ1/2
- おろししょうが … 小さじ1/4
- 塩 … 2つまみ
- しょうゆ … 4滴

片栗粉 … 小さじ1
トマト … 1/4個
香味オイル … 大さじ1

作り方

1. ボウルに卵を溶きほぐし、Aと水小さじ1で溶いた片栗粉を加えて混ぜる。
2. トマトは薄切りにし、1に加える。
3. 鍋に香味オイルを入れて強火で熱し、2を流し入れる。外から内側へ大きく混ぜて（a）、ふっくら半熟状になったら火を止める。

(a)

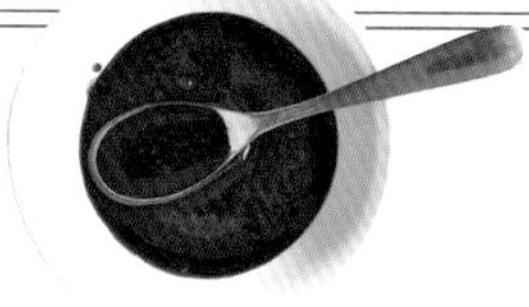

甜醤《テンジャン》油《ユ》

八角

クローブ

シナモン

四川料理に欠かせない、
香り高い甘じょうゆ。
市販品もありますが、
簡単に手作りできます。

材料（でき上がり約300mℓ分）

しょうゆ … 500mℓ
砂糖 … 250g
八角 … 1かけ
クローブ … 5粒
シナモン … 5cm

作り方

鍋にすべての材料を入れ、火にかける。煮立ったら弱火でゆっくりと煮る(a)。とろみがつき、2/3量まで煮詰まったら熱いうちに漉す。

memo ◆ 甜醤油は火が強いと吹きこぼれやすいので、弱火で煮詰めること。

保存 ◆ 保存容器に入れ、冷暗所で1年ほど保存可能。
使い方 ◆ 蒸し鶏やゆで鶏の冷菜のたれのベースに、水餃子など点心類のたれや、炒めものの隠し味としても。また、雲白肉《ウンパイロー》（豚しゃぶときゅうりのにんにくソースがけ）のたれにも欠かせない。

a

arrange 1

肉そぼろあえ麺

材料（1人分）

中華麺 … 1玉（140g）
肉そぼろ
　豚ひき肉 … 30～40g
　しょうゆ … 小さじ1/2弱
　サラダ油 … 小さじ1/2
たれ
　しょうゆ … 小さじ2
　甜醤油 … 小さじ1
　ラー油* … 大さじ1/2～1
　黒酢 … 小さじ1/2
　花椒《ホワジャオ》粉 … 3つまみ
　おろしにんにく、おろししょうが
　　… 各小さじ1/3
　長ねぎ（みじん切り）… 小さじ1
　漬物**（みじん切り）… 小さじ1/2

＊手作りするなら右ページ参照。
＊＊高菜漬け、柴漬け、たくあんなど甘くないものを。

すっきりとシャープな辛さがクセになるあえ麺。
混ぜるほどにたれが麺にからんでおいしさ倍増。

作り方

1◆ 肉そぼろを作る。鍋に油を熱してひき肉を入れ、ポロポロになるまで炒めてしょうゆで調味する。

2◆ 丼にたれの材料をすべて入れ混ぜる(a)。

3◆ 鍋にたっぷりの湯を沸かして中華麺を入れる。袋の表示時間通りにゆでて水けをきり、2の丼に盛り、1をのせる。たれとあえながら食べる。

memo◆麺はコシがないほうがたれとからみやすい。うどんや冷や麦などでも。

a

手作りラー油

自家製ラー油は、
手軽に作れます。
好みの辛さでアレンジを。

材料(でき上がり約200㎖分)

一味唐辛子 … 大さじ3
サラダ油 … 200㎖

ボウルに一味唐辛子を入れる。鍋にサラダ油を熱し、3〜4回に分けてそのつど混ぜながらボウルに注ぐ。一晩おいてから使う。

arrange 2

ゆで豚のピリ辛にんにくじょうゆあえ

四川料理の定番、雲白肉《ウンパイロー》をアレンジしました。
ブロック肉の代わりに薄切り肉を使ってスピーディーに。

材料（2人分）

豚バラ薄切り肉 … 100g
きゅうり … 1/2本
A
甜醤《テンジャン》油《ユ》 … 大さじ1
しょうゆ … 小さじ1
おろしにんにく … 小さじ1/2
一味唐辛子 … 小さじ1/4

作り方

1. 豚肉を半分に切り、沸騰した湯でゆでて火を通し、ざるに上げて水けをきる(a)。
2. きゅうりは細切りにする。
3. 1と2を合わせて器に盛り、よく混ぜたAのたれをかける。

a

Part.4

和食のスパイス使い

Japanese food

Sakeria 酒坊主
前田朋さん

うちの店のほとんどのメニューはスパイスの香りをアクセントに使ったもの。日本酒やクラフトビールを提供していますが、定番の和食は1つもないといっていいほどです。日本酒とスパイスを使った料理との新しい出会いを日々提案しています。

ふだんの料理にプラススパイス 自由な1ふりで新しい世界が

　スパイスの使い方に決まりはありません。カレーやエスニック料理専用とは思わず、いつもの肉じゃがやきんぴら、ポテトサラダなどにまずはちょっと加えてアクセントをつけてみてください。ふだんの料理にこしょうや七味唐辛子をふる感覚です。スパイスの香りが加わると塩分控えめの料理でも満足感が生まれます。スパイスの持ち味がわかってきて、好きなスパイスが1つ見つかると、がぜん料理も楽しくなります。

　僕も新しいスパイスを探しに、ハラルショップによく足を向けます。中国、タイ、インド、ネパール産など各国のスパイスの香りをどう生かすか考えるのも楽しい。この地域とこの地域の間にはスパイスを使ったこんな料理があるのでは、と想像しながら作ったりもします。お店では〆のスパイスカレーもメニューに登場します。僕自身ほとんどカレーは食べないのですが、食材と

前田朋《まえだ・とも》

調理師専門学校を経て都内の居酒屋などで修業を重ねながら、各国の料理を独学で学ぶ。東京、吉祥寺の「にほん酒や」に3年間勤務。その際、スパイスカレーを作り始め、スパイスにハマる。2013年秋に都内に「Sakeria 酒坊主」をオープン。スパイスを隠し味に使った、日本酒に合うつまみを提供する。

前田さんの好きなスパイスはなんですか？

ニゲラ。油で香りを出すと、なんともいえない香ばしさが出るところがスキです。

Nigela.

スパイスの相性を考えて作るのは好きです。

挽きたてのホールスパイスで香りや食感を楽しむ

スパイスにはホールとパウダーがあります。お店ではホールで買って、料理に応じてパウダーにしたり、つぶしたりして使っています。挽きたてのホールは、コーヒー豆と同様に新鮮な香りが楽しめます。スパイスは香りがつきやすいので、できれば専用のミルがあるといいですね。

またスパイスをすり鉢やストーンミルの中でつぶして香りを立たせることもよくやります。これらの道具がないときは、まな板の上にのせて包丁の腹でつぶす、ポリ袋に入れて麺棒でたたくなどでもOK。どの方法も使う直前に作業すると、より香りが強くなります。直接料理にパウダースパイスを混ぜると全体が均一な同じ味になってしまいがち。そこで仕上げに粗挽きのスパイスをふってみる。スパイスの有無に応じて香りや食感の違いが楽しい料理になります。

最近よく使っているスパイスは中国産の青山椒とコリアンダー。青山椒は花椒《ホワジャオ》ほどしびれず、どちらもさわやかな柑橘系の香りで、レモン感覚で使いやすいと思います。また青唐辛子は旬の時期に買い、冷凍保存がおすすめ。

料理にはスパイスが主張するものと隠し味的にほんのり香る2つのタイプが。ほんのり香りを残したいときは最初からスパイスを加える、料理に効かせたいときは仕上げに挽きたてをふるなどの使い分けがポイントです。

ジャンルを限定せずに自由にスパイスの香りを料理に取り入れてみる。1ふりのスパイスで料理が別ものに生まれ変わる、スパイス料理はそこがおもしろいなと思います。

コリアンダー

長いものマッシュサラダ

長いもはマッシュといちょう切りを合わせた2つの食感のコントラストが絶妙。
口に入れると、コリアンダーがさわやかに香ります。

材料（2人分）

長いも … 300g

A | ちりめんじゃこ … 30g
 | オリーブ油 … 大さじ1と1/2
 | 酢 … 大さじ1/2

コリアンダーシード
… 大さじ2〜2と1/2

白いりごま … 適量

作り方

1. 長いもは皮をむく。そのうち200gは蒸気の上がった蒸し器で30〜35分蒸す。熱いうちにつぶし、Aを加えて混ぜ合わせる。
2. 残りの長いもは薄いいちょう切りにする。
3. 1の粗熱が取れたら2とミルで挽いたコリアンダーを加えてあえる。味をみて足りなければしょうゆ少々（分量外）でととのえる。
4. 器に盛り、ごまを散らす。

コリアンダー

アスパラとあさりのコリアンダー風味

アスパラにかけるのは、コクのある複雑な味わいのソース。
油にあさりの旨みとコリアンダーの香りを移すのがコツ。

材料（2人分）

グリーンアスパラガス … 大5本
あさり（むき身）… 50g
オリーブ油 … 大さじ2
コリアンダーシード … 大さじ1/2
しょうゆ … 大さじ1

作り方

1. アスパラはピーラーで根元のほうの皮を薄くむく。
2. フライパンに1とあさり、水180mℓを入れてふたをし、6〜7分蒸し煮にする。アスパラに火が通ってやわらかくなったら、アスパラだけを取り出して器に盛る。
3. 2の水分をほぼ煮詰め、オリーブ油とコリアンダーを加える。弱火であさりとなじませ（a）、しょうゆを加えて香りが立ったら、2のアスパラにかける。

a

青唐辛子

まぐろのたたき仕立て

タイ料理に欠かせない青唐辛子のナンプラー漬けと刺身のコラボ。
ピリ辛でオリエンタルな香りの新しいおいしさに出会えます。

材料（2人分）

まぐろ*（刺身用赤身）… 80g
｜塩 … 少々
ごま油（太白）… 大さじ1と1/2〜2
青唐辛子のナンプラー漬け（下記参照）
　… 適量

*かつおでもおいしい。

シェフのプラス1スパイス

青唐辛子

唐辛子が赤く熟す前に収穫したもの。さわやかな香りとピリッとした辛みが特徴。

作り方

1. まぐろは塩を両面にふって、表面に出てきた水けをふき取る。
2. フライパンにごま油を入れて熱し、まぐろを入れて5秒ほど焼いて返し、もう片面もさっと焼いて色が変わったら取り出す。
3. 2をそぎ切りにして器に盛り、青唐辛子のナンプラー漬けを添える。

青唐辛子のナンプラー漬け

青唐辛子 … 5本〜好みで
ナンプラー … 適量

作り方　青唐辛子は小口切りにして保存容器に入れ、ナンプラーをひたひたに加えて一晩以上漬ける。冷蔵庫で約3週間保存できる。
使い方／冷や奴や湯豆腐の薬味に、炒めものや焼きそば、チャーハンの隠し味に加えてもおいしい。辛みと塩気がかなり強いので、味をみて加える量の調節を。

青山椒

アボカドのぬた

クリーミーなアボカドに酢みそをまとわせた新鮮味。
仕上げに挽いた青山椒の鮮烈な香りが味の決め手。

材料（2人分）

アボカド … 1個
エシャロット … 1本
酢みそ（下記参照）… 大さじ1と1/2
青山椒 … 小さじ1/2
白いりごま … 適量

酢みそ

材料（作りやすい分量）

黒酢、米酢 … 各大さじ1
砂糖 … 13g
みそ … 50g

作り方

ボウルにすべての材料を入れ、泡立て器でよく溶き混ぜる。冷蔵庫で2か月保存可能。

作り方

1. アボカドは半分に切って種と皮を取り、一口大に切る。エシャロットは斜め薄切りにする。
2. ボウルにアボカドを入れ、酢みそを加えてあえる。
3. 器に盛り、エシャロットをのせ、ごまをふって、ミルで青山椒を挽いてかける（a）。

a

クローブ

牛霜ふりとごぼうの甘辛煮

すき焼きの割り下風な煮汁で、牛肉をしゃぶしゃぶ。
残った煮汁に肉と相性のよい甘い香りのクローブのプラス1粒で、
エキゾチックな味わいに早変わり。

材料（2人分）

牛霜ふり薄切り肉 … 120g
ごぼう … 70g
A
- 水 … 150mℓ
- しょうゆ … 大さじ3
- みりん … 大さじ2
- 砂糖 … 大さじ4

ローズマリー … 1本
クローブ … 1粒
白いりごま … 適量
オリーブ油 … 小さじ1

作り方

1. 牛肉は長さを半分に切る。ごぼうは長めの薄切りにする。

2. フライパンにAとごぼうを入れて火にかける。ごぼうに火が通ったら、牛肉をほぐし入れ、しゃぶしゃぶして（a）、さっと火を通し、ごぼうとともに器に盛る。

3. 2の鍋の残った煮汁にローズマリーとクローブを入れて煮詰め（b）、2の牛肉とごぼうに回しかける。ごまをふり、オリーブ油をかける。

a

b

青唐辛子／ブラックペッパー／カルダモン

鶏豆腐

鶏ひき肉と豆腐を合わせた、のど越しもやさしいおかず。
淡泊な素材の組み合わせに青唐辛子でちょっと辛みをプラス。
仕上げの挽きたてブラックペッパーと砕いたカルダモンで味にパンチを。

材料（2人分）

鶏ももひき肉 … 200g
絹ごし豆腐 … 1丁（300g）
長ねぎ（みじん切り） … 3cm
塩 … 小さじ1
青唐辛子（小口切り、p.78）… 1/2〜1本
おろししょうが … 小さじ2
酢 … 大さじ1
ごま油（太白）… 大さじ3
ブラックペッパー … 適量
カルダモン … 1/2個

作り方

1. フライパンにごま油を熱して長ねぎを入れ、焼き色がつくまで炒める。
2. 1にひき肉を加えて木べらでほぐしながら炒める。ひき肉に火が通ったら豆腐を手でつぶしながら加える。塩、青唐辛子（a）と水90mℓを加えて煮詰めていく。
3. 水分がほとんどなくなったら味をみて、塩少々（分量外）で調味する。しょうが、酢を加えてさっと混ぜる。
4. 器に盛り、ブラックペッパーを挽き、包丁の腹でつぶしたカルダモンの種をふる（b）。

a

b

砂仁／シナモン／ブラックペッパー

ゆで鶏とスープでスパイスご飯

鶏の炊き込み飯

ゆで鶏とそのスープがあれば、あとは炊飯器にお任せ。
鶏とスープの旨み、スパイスの香りが米に染み込んだ
東南アジアの風を感じるチキンライスです。

材料（2人分）

ゆで鶏（下記参照）… 130g
ゆで鶏のスープ … 360mℓ
米 … 2合
A | ナンプラー … 大さじ1と1/2
 | ごま油 … 大さじ1/2
 | 塩 … 小さじ1
 | 昆布 … 5cm
B | しょうが（せん切り）… 30g
 | セロリ（粗みじん切り）… 25g
 | 砂仁 … 1個
 | シナモン … 2g（1本）
ブラックペッパー … 適量

シェフのプラス1スパイス

砂仁（シャーレン）

ショウガ科のハナミョウガなどの熟した実を乾燥させたもの。独特の香りと辛みがあり、薬膳料理によく使われる。

作り方

1. 米は洗って30分ほど浸水して、ざるに上げて水けをきる。ゆで鶏は食べやすい大きさに切る。

2. 炊飯器に1とAを入れて混ぜ、表面をならす。ゆで鶏のスープを注ぎ、Bを加えて（a）炊く（少しかために炊き上がる）。

3. ご飯が炊けたら茶碗に盛り、ミルで挽いたブラックペッパーをかける。

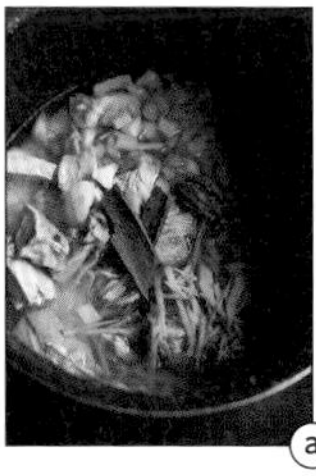

a

ゆで鶏を作る

材料（作りやすい分量）と作り方

鍋に水2ℓを沸騰させ、鶏もも肉300gを入れる。ふつふつとした沸騰直前状態の火加減で25分ほどゆでる。

＊鶏肉はゆで上がり200g強、ゆで汁のスープは約1ℓになる。

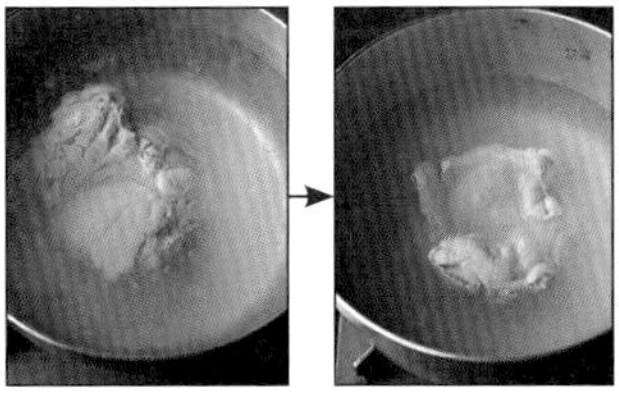

カルダモン／ブラックペッパー

ゆで鶏とスープでスパイス麺

煮麺

ゆで鶏のスープでそうめんを煮た、エスニック版の煮麺。
粗く砕いたカルダモンと粗挽きペッパーの香りがピリッと爽快。
休日のブランチや呑んだあとの〆の麺としてもおすすめです。

材料（2人分）

ゆで鶏（p.85参照）… 70g
そうめん（乾）… 100g
玉ねぎ … 15g
サラダ油 … 大さじ1
A ｜ゆで鶏のスープ（p.85参照）… 550mℓ
　｜ナンプラー … 大さじ1/2
　｜塩 … 小さじ1/2
カルダモン … 1個
ブラックペッパー … 適量
香菜（ざく切り）… 適量

作り方

1• ゆで鶏は1cm幅に切る。玉ねぎは薄切りにする。

2• フライパンに油を熱し、玉ねぎを加えて焦げ色がつくまで炒める。

3• 鍋にAを入れ、沸騰したらそうめんを入れ、2分ほど煮る。味見をして足りなければ塩（分量外）を、濃ければ水を足して調節する。

4• 3を器に盛り、1の鶏肉、2の焦がし玉ねぎ、香菜をのせ、包丁の腹でつぶした（a）カルダモンの種とミルで挽いたブラックペッパーをふる（b）。

a

b

五香粉《ウーシャンフェン》

八角

シナモン

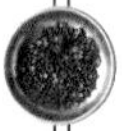
花椒

クローブ

中国料理でおなじみの
ミックススパイスをジンジャーで
よりさわやかなテイストに。

材料（でき上がり約12g）

八角 … 3かけ
シナモン … 4g
花椒（ホワジャオ）… 小さじ2
クローブ … 小さじ1
ジンジャーパウダー … 小さじ1/2

作り方

フライパンにジンジャーパウダー以外のスパイスを入れ、熱くなって香りが立つまで弱火でから煎りする(a)。粗熱が取れたらミルで挽き、ジンジャーパウダーと混ぜ合わせる。

保存◆保存容器に移し、常温で2〜3か月保存可。徐々に香りが弱くなるので注意。
使い方◆豚肉の角煮など肉のクセをやわらげたり、魚介の下味や揚げ衣に混ぜたりするほか、焼きそばやスープの隠し味としても。

a

arrange 1

焼きねぎのマリネ

こんがり焼いたねぎをマリネ液に漬けるだけ。
とろりと甘いねぎを
五香粉の風味が引き立てます。

材料（2人分）

長ねぎ … 2本
A | 黒酢、しょうゆ … 各大さじ2
　| ごま油 … 大さじ2
　| 五香粉 … 1つまみ

作り方

1◆長ねぎは半分に切り、200℃に温めたオーブンで約8分、こんがり焼き色がつくまで焼き、一口大に切る。グリルで焼いてもよい。

2◆よく混ぜたAに1の長ねぎを、熱いうちに漬ける。冷めるまで味をなじませる。

arrange 2

ほたてとトマトの焼き飯

五香粉はほたてなど淡泊な魚介とよく合います。
香りが強いので使いすぎには注意して。

材料（2人分）

温かいご飯 … 250g
ほたての貝柱 … 大2個
ミニトマト … 6個
塩、こしょう … 各少々
しょうゆ … 大さじ1/2
ごま油 … 大さじ2
五香粉 … 1つまみ
香菜（ざく切り）… 適量

作り方

1. ほたて、ミニトマトは四つ切りにする。
2. フライパンにごま油を熱し、ご飯を入れて焼きつけるように炒める。塩、こしょうをし、ほたて、ミニトマトを加えてさらに炒める。
3. ご飯に油がなじんでパラリとしたら、味見をして塩少々（分量外）で味をととのえる。仕上げに鍋肌からしょうゆを入れ、さっとあおるように炒める。
4. 器に盛り、五香粉をふって香菜を散らす。

デュカ

クミン
コリアンダー
青山椒
ブラックペッパー

ザクザクナッツと
スパイスのハーモニー。
中東生まれのミックススパイス。

材料（でき上がり約85g）

ローストアーモンド* … 50g
白いりごま … 25g
塩 … 小さじ1/2
A | クミンシード … 大さじ1/2
| コリアンダーシード … 大さじ1
| 青山椒 … 大さじ1/3
| ブラックペッパー … 大さじ1/2

*アーモンドのほか、ヘーゼルナッツ、カシューナッツなど好みのものを。市販のミックスナッツ（食塩不使用）でも。

作り方

1・アーモンドはすりこぎなどで粗く砕く。
2・フライパンにAのスパイスを入れて香りが立つまで弱火でから煎りする。粗熱が取れたらミルで挽き、残りの材料と混ぜ合わせる。

保存◆保存容器に移し、常温で1〜2か月保存可能。アーモンドとごまが酸化する前に使いきるのがおすすめ。
使い方◆オリーブ油と混ぜてパンにつけるのが定番。野菜炒めや牛肉、ラムなどのステーキ、ポテトサラダのトッピングにも活躍。シンプルなペペロンチーノやジェノベーゼなどのパスタにかけても。

arrange 1

れんこんのスパイシーソテー

おなじみのソテーが、デュカをトッピングするだけで、スパイシーで香ばしいひと皿に。

材料（1〜2人分）

れんこん … 100g
にんにく（つぶす）… 1/2かけ
しょうゆ … 小さじ1
オリーブ油 … 大さじ2
デュカ … 大さじ2

作り方

1・れんこんは皮つきのまま、乱切りにする。酢水（分量外）に軽くさらして、水けをきる。

2・フライパンにオリーブ油、にんにく、1を入れて火にかける。れんこんに焼き色がついたら弱火にして裏返し、塩少々（分量外）をふってふたをし、2分ほど蒸し焼きにする。

3・ふたをはずして強火にし、しょうゆを回し入れて混ぜる。器に盛ってデュカをかける。

arrange 2

デュカそば

クリスピーな食感とスパイスの豊かな風味で
シンプルな盛りそばが味変、クセになるおいしさです。

材料（1〜2人分）

そば（乾麺）… 110g
そばつゆ（市販品）… 適量
香菜（ざく切り）… 1つまみ〜好みで
オリーブ油 … 大さじ1
デュカ … 大さじ1〜好みで

作り方

1. 鍋に湯を沸かしてそばを入れ、袋の表示時間より1分ほど長めにゆでる。冷水でよく洗って水けをきる。
2. そばつゆは好みの濃度にのばし、器に注ぐ。
3. 香菜、オリーブ油、デュカは小皿に用意する。好みの量をそばつゆに入れ、そばにからめながら食べる。

コリアンダー

ミントパクチーソース

独特な香りの香草と
さわやかミントのソース。
味のまとめ役はコリアンダー。

材料（でき上がり約180g）

香菜 … 80g
ミント … 13g
サラダ油 … 150mℓ
ナンプラー … 大さじ2
黒酢 … 大さじ1
コリアンダーシード … 大さじ1

作り方

香菜は細かく刻む。すべての材料をミキサーにかけ、ピューレ状にする。

保存 ◆ 保存容器に移し、冷蔵で2週間保存可能。保存袋に薄くのばして入れ、冷凍できる。そのつど使いたい量を割って解凍して使う。
使い方 ◆ カットしたミニトマトとあえてソースを作り、焼いた魚、えびなどにかける。レモン汁や好みのビネガーでのばして、豚しゃぶなどのドレッシングとしても。

arrange

たことみょうがのマリネ

食欲をそそるすっきり、さわやかな味が身上。
アーモンドの粒々の食感が楽しいマリネ。

材料（1～2人分）

ゆでだこ … 120g
みょうが … 1/2個
ローストアーモンド … 大さじ1/2
ミントパクチーソース … 大さじ1と1/2

作り方

1◆ たこは一口大に切り、みょうがはせん切りにする。アーモンドはすりこぎなどで粗く砕く。

2◆ 1をすべてボウルに入れ、ミントパクチーソースを加えてあえる。

手作りスパイスペースト

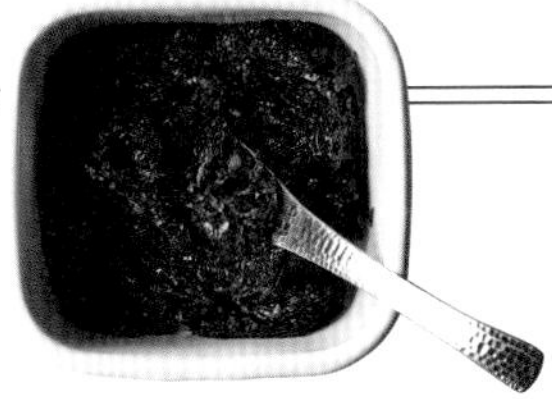

のりの スパイス佃煮

コリアンダー　マスタード　ニゲラ　赤唐辛子

ピリッとスパイシーな大人味の
のりの佃煮。ご飯のお代わり必至。
一度食べると病みつきに。

材料（でき上がり約75g）

焼きのり（全形）… 3枚

A
- 水 … 80mℓ
- しょうゆ、ナンプラー … 各大さじ1
- みりん … 大さじ2

B
- コリアンダーシード … 小さじ1/2
- マスタードシード（p.16）、ニゲラ … 各小さじ1/2
- 赤唐辛子 … 1/2本
- サラダ油 … 大さじ1と1/2

レモン汁 … 小さじ2

作り方

1・のりは細かく手でちぎり、混ぜ合わせたAに15分ほど漬ける。

2・鍋に1を入れ、中火にかける。のりを煮溶かすようにゴムべらで混ぜながら煮詰めていく。水分が飛んだらボウルに移す。

3・フライパンにBを入れて弱火にかけ、コリアンダーやマスタードが弾けてきたら火を弱め、マスタードが色づいたらすぐ2に加えて（a）混ぜ合わせる。レモン汁を加えて混ぜる。

a

保存 ◆ 保存容器に移し、冷蔵庫で約3週間保存可能。保存袋に薄くのばして入れ、冷凍できる。そのつど使いたい量を割って解凍して使う。

使い方 ◆ ご飯との相性はもちろん◎。ゆでたパスタ、そうめん、うどんにバターとともにあえたり、溶き卵に加えて卵焼きのアレンジにも。

arrange

いかとそら豆の磯辺あえ

お酒のおつまみに最適な1品。
そら豆はきゅうりや長いもに変えても。

材料（1～2人分）

紋甲いか … 50g
そら豆 … 35g
のりのスパイス佃煮 … 大さじ1

作り方

1・いかは一口大に切る。そら豆はさやから出して、沸騰した湯で1分ほどゆでて、薄皮をむく。

2・1をボウルに入れ、のりのスパイス佃煮を加えて混ぜ、器に盛る。

シェフのプラス1スパイス

ニゲラ

黒ごまのような粒の大きさで、インドではカロンジと呼ばれる。オレガノに似た香りで、独特の苦みと辛みがある。

SHOP INFORMATION

※2021年5月現在の情報です。定休日、営業時間など最新の情報は、かならずHPなどをご確認ください。

SPICE CAFE

スパイスカフェ

日本におけるインドカレー＆スパイス料理の先駆的なお店。ランチのカレーはもちろん、日本の旬の食材を使ったスパイスを楽しむ7つのお皿のディナーコースも人気。

東京都墨田区文花1-6-10 ◆ 03-3613-4020 ◆ 営・水曜～金曜のみランチ11：30～15：00（L.O.14：00）夜は予約制コースのみ18：00～23：00（L.O.20：30） ◆ 休・月曜、火曜 ◆ http://spicecafe.jp/

クリスチアノ

Cristiano's

東京でも数少ないポルトガル料理専門店。日本人の味覚に合うポルトガル料理をリーズナブルに気軽に楽しめる店として定評がある。遅くまで多くの人でにぎわう人気店。

東京都渋谷区富ヶ谷1-51-10 ◆ 03-5790-0909 ◆ 営・18：00～24：00（L.O.23：00） ◆ 休・無休 ◆ http://www.cristianos.jp/ ◆ インスタグラム・@cristianos.1215

四川家庭料理 中洞

しせんかていりょうり なかほら

化学調味料不使用の四川中国料理店。油は極力少なく、軽やかな「毎日でも食べられる家庭中華」を提供している。シェフ自らが店内の壁に描いたパンダが家庭的な雰囲気をかもし出す。

東京都文京区千石 4-43-5　ラピュタ千石大武ビル 1F ◆ 03-5981-9494 ◆ 営・11：30 ～ 13：30（L.O.）17:30 ～ 20:30（L.O.） ◆ 休・月曜（祝日の場合は営業、翌平日休）、第 1、3 火曜 ◆ https://ameblo.jp/nakahora/

Sakeria 酒坊主

さけぼうず

異国の雰囲気が漂う内装の、日本酒専門店。ほぼすべての料理にスパイスを使った和テイストの肴が楽しめる。日本酒と料理の「新しい組み合わせ」を日々追求している。

東京都渋谷区富ヶ谷1-37-1 ロナーYSビル201 ◆ 03-3466-1311 ◆ 営・平日16：00～22：00 土日祝14：00～20:00 ◆ 休・不定休 ◆ https://www.facebook.com/SakeriaSakebozu/ ◆ インスタグラム・@sakebozu

スパイス別料理INDEX

デザイン　千葉佳子（kasi）
撮影　鈴木泰介（p.3、9-52）、原ヒデトシ（p.53-93）
企画・編集　内山美恵子
校正　ケイズオフィス
ＤＴＰ制作　天龍社
参考文献　『スパイス＆ハーブ料理の発想と組み立て』（誠文堂新光社）、『スパイスの教科書』（パイインターナショナル）

身近な食材＋1スパイスから始める
人気店のスパイスレシピ

2021年5月20日　第1版発行

発行者　関口 聡
発行所　一般社団法人　家の光協会
〒162-8448
東京都新宿区市谷船河原町11
電話　03-3266-9029（販売）
03-3266-9028（編集）
振替　00150-1-4724
印刷・製本　図書印刷株式会社

乱丁・落丁本はお取り替えいたします。
定価はカバーに表示してあります。

ISBN 978-4-259-56689-0　C0077